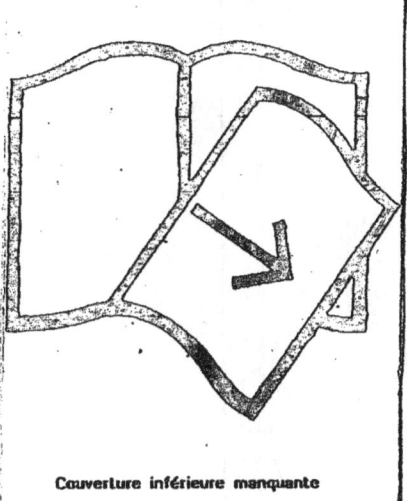

Couverture inférieure manquante

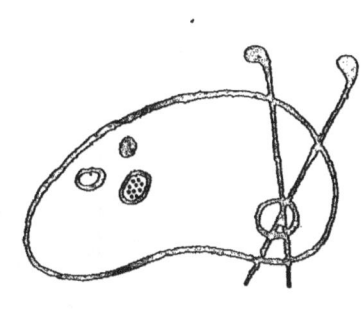

Début d'une série de documents en couleur

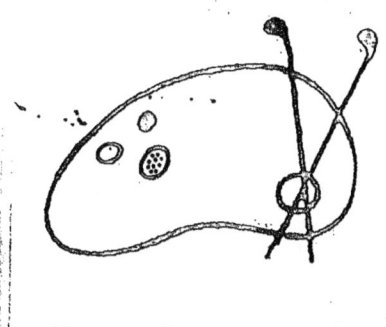

Fin d'une série de documents
en couleur

LE
GROS LOT
II

LIBRAIRIE E. DENTU, ÉDITEUR

DU MÊME AUTEUR

	fr.		fr.
Les Amours d'Olivier (suite et fin de la *Baladine*), 3ᵉ édit., 2 vol.	6	La Maîtresse masquée, 3ᵉ édit., 2 vol.	6
Les Amours de Province, 2ᵉ édit., 3 vol.	9	La Marquise Castella 3ᵉ éd., 2 vol.	6
La Bâtarde, 3ᵉ édit., 2 vol.	6	Le Mari de Marguerite, 14ᵉ édit., 3 vol.	9
La Baladine, 3ᵉ édit., 2 vol.	6	Les Maris de Valentine, 2ᵉ édit., 2 vol.	6
La Bigame, 6ᵉ édit. 2 vol.	5	Sa Majesté l'Argent, 6ᵉ édit., 5 vol.	15
La Voyante, 2ᵉ édit., 4 vol.	12	Le Médecin des Folles, 5ᵉ édit., 5 vol.	15
I. — Blanche Vaubaron, 2 vol.		P.-L.-M., 3ᵉ édit., 6 vol.	18
II. — L'Agence Rodille, 2 vol.		I. — La Belle Angèle, 2 vol.	
Le Crime d'Asnières, 4ᵉ édit., 2 vol.	6	II. — Rigolo, 2 vol.	
I. — L'Entremetteuse.		III. — Les Yeux d'Emma-Rose, 2 vol.	
II. — La Rastaquouère.		Les Pantins de Madame le Diable, 4ᵉ édit., 2 vol.	6
Le chalet des Lilas, 3ᵉ édit., 2 vol.	6	Une Passion, 4ᵉ édit., 1 vol.	3
Une Dame de Pique, 3ᵉ édit., 2 vol.	6	Le Parc aux Biches, 3ᵉ édit., 2 vol.	6
Une Débutante, 3 édit., 1 vol.	3	La Porteuse de Pain, 3ᵉ édit., 6 vol.	18
La Demoiselle de Compagnie, 3ᵉ édit., 4 vol.	12	Le Roman d'une Actrice, 3ᵉ édit., 2 vol.	6
Le dernier duc d'Hallali, 3ᵉ édit., 4 vol.	12	I. — Paméla des Variétés.	
Deux Amies de St-Denis, 4ᵉ édit., 1 vol.	3	II. — Madame de Franc-Boisy.	
Deux Amours, 4ᵉ édit., 2 vol.	6	Le Secret de la Comtesse, 5ᵉ édit., 2 vol.	6
I. — Hermine.		I. — Le Capitaine des Hussards.	
II. — Odille.		II. — Armand.	
Un Drame à la Salpêtrière, 2ᵉ édit., 2 vol.	6	Le Secret du Titan, 2ᵉ édit., 2 vol.	6
Le Fiacre nº 13, 6ᵉ édit., 4 vol.	12	Simone et Marie, 3ᵉ édit., 6 vol.	18
La Fille de Marguerite, 3ᵉ édit., 6 vol.	18	Son Altesse l'Amour, 4ᵉ édit., 6 vol.	18
Les Filles de Bronze, 5ᵉ édit., 5 vol.	15	La Sorcière Rouge, 4ᵉ édit., 3 vol.	9
Les Filles du Saltimbanque, 2ᵉ édit., 2 vol.	6	Les Tragédies de Paris, 7ᵉ édit., 4 vol.	12
I. — La Comtesse de Kéroual.		Le Ventriloque, 4ᵉ édit., 3 vol.	9
II. — Berthe et Georgette.		I. — L'assassin de Mariette.	
Jean-Jeudi, 5ᵉ édit., 2 vol.	6	II. — La femme du Prussien.	
Madame de Trèves, 8ᵉ édit., 2 vol.	6	III. — Le Mari et l'Amant.	
La Maison des Mystères, 2 édit., 2 vol.	6	La Veuve du Cuirassier, 6ᵉ édit., 2 vol.	6
La Maîtresse du Mari, 5ᵉ édit., 1 vol.	3	La Vicomtesse Germaine, 7ᵉ édit., 3 vol.	9

ÉMILE COLIN. — IMPRIMERIE DE LAGNY.

XAVIER DE MONTÉPIN

LE
GROS LOT

II

PARIS
E. DENTU, ÉDITEUR
LIBRAIRE DE LA SOCIÉTÉ DES GENS DE LETTRES
PALAIS-ROYAL, 15-17-19, GALERIE D'ORLÉANS
ET 3, PLACE VALOIS

1888
(Tous droits de traduction et de reproduction réservés)

LE GROS LOT

DEUXIÈME PARTIE

I

— Madame Ligier? — demanda Joubert.
— C'est moi, monsieur... — fit la blanchisseuse en s'avançant toute tremblante.
— J'aurais, madame, à vous prier de m'accorder un moment d'entretien.

Tout en parlant, l'homme d'affaires de la rue Geoffroy-Marie jetait un coup d'œil sur les jeunes ouvrières et se disait :

— C'est sans doute parmi elles que se trouve Marie-Jeanne...

— De quoi s'agit-il, monsieur, s'il vous plaît ? — reprit madame Ligier.

— Je désirerais, madame, m'expliquer avec vous en particulier.

L'émotion et l'inquiétude de la blanchisseuse grandissaient.

L'inspecteur de la veille avait-il déjà fait son rapport ?... Un employé supérieur venait-il lui demander, plus sévèrement encore, compte de sa négligence.

— Veuillez entrer ici, monsieur... — dit-elle en ouvrant la porte de la pièce où, le soir précédent, elle avait introduit Bonichon.

— J'irai droit au fait, madame — commença Joubert. — Une enfant, recueillie par l'Assistance publique en 1871, après la Commune, vous a été confiée.

C'était bien de Marie-Jeanne qu'il allait être question !

Madame Ligier pâlit.

Placide poursuivit :

— Cette enfant est devenue jeune fille, et sa position est au moment de changer. — Elle va tout à la fois retrouver sa mère et entrer en possession d'un héritage considérable qui lui permettra de reconnaître généreusement les bons soins que vous avez eus pour elle... — En conséquence je viens, envoyé par M. le directeur de l'Assistance publique, vous prier de me mettre en rapport avec cette jeune fille...

Pour toute réponse la blanchisseuse se mit à sangloter, au grand étonnement de Joubert.

La cause de ces sanglots était simple.

Marie-Jeanne allait retrouver sa mère !...

Marie-Jeanne allait faire un héritage important !..

Et non seulement Marie-Jeanne n'était plus chez elle, ce qui prouvait un manque absolu de surveillance, mais encore elle ne pouvait indiquer l'endroit où l'on aurait chance de trouver la fugitive si mal gardée !...

Madame Ligier comprenait avec épouvante dans quelle situation fausse elle était placée vis-à-vis de l'Assistance publique, de qui elle avait reçu un dépôt qu'on venait lui réclamer et qu'il lui serait impossible de rendre.

— Pourquoi ces larmes, madame ? — s'écria Placide — Marie-Jeanne est-elle morte ?

— Non, monsieur...

— Eh bien ! alors ?

— Mais il vaudrait mieux qu'elle le fût ! — balbutia la blanchisseuse avec désespoir — Vous n'avez donc pas vu l'inspecteur qui m'a rendu visite hier?

Joubert tressaillit.

— Ah ! — fit-il vivement. — Un inspecteur de l'Assistance publique est venu chez vous hier ?

— Oui, monsieur...

— Quelle heure était-il ?

— Sept ou huit heures du soir, à peu près.

— Après ma séance à l'avenue Victoria... — pensa l'homme d'affaires — Ils voulaient sans doute savoir si j'avais agi déjà... — Ah ! ils contrôlent mes actions... ils se défient... Cela peut devenir effroyablement gênant...

Puis, à haute voix, il ajouta :

— Non, madame, je n'ai pas vu cet inspecteur...

— Eh bien, monsieur, je lui ai tout dit...

— Tout, quoi ?

— Ah ! je sais bien que j'ai eu des torts !... — J'aurais dû veiller sur la petite avec plus de sévérité... — Mais, que voulez-vous ?... Quand elles ont travaillé toute la semaine, ces enfants, on ne peut guère les empêcher d'aller se promener le dimanche... — La petite, d'ailleurs, avait l'air si tranquille, si raisonnable !... — Comment aurais-je supposé qu'elle abuserait de ma confiance ?

— Abuser de votre confiance !... — répéta Joubert... — Mais, encore une fois, que s'est-il donc passé ?

— Eh ! monsieur, il s'est passé une chose terrible et dont je ne me consolerai jamais !... — Marie-Jeanne s'est sauvée avec un amoureux !...

Ce fut au tour de Joubert de pâlir.

— Quand cette fugue a-t-elle eu lieu ? — demanda-t-il.

— Le samedi de la semaine avant la dernière... — Il y a plus de dix jours...

— Et vous n'avez prévenu personne ?...

— Hélas! monsieur, je croyais que l'enfant aurait du repentir... du regret... et qu'elle reviendrait... — Misère de moi !... il faut que ça arrive juste au moment où elle allait retrouver une famille et une fortune ! !

Et madame Ligier se mit à sangloter de plus belle.

— Il ne s'agit pas de pleurer ! — fit Joubert d'un ton dur — Les larmes ne remédient à rien... — Séchez-les donc et répondez-moi. — Avez-vous questionné quelques fois Marie-Jeanne sur la manière dont elle avait été trouvée dans Paris ?

— Oui, monsieur.

— Que vous a-t-elle répondu ?

— Il lui semblait se souvenir que depuis plusieurs jours on tirait jour et nuit un feu d'artifice... que ça faisait : *Boum ! Boum !* puis : *Pan ! Pan !* — J'ai compris qu'elle voulait parler de coups de canon et de coups de fusil...

— C'est clair... — Et son nom ? — Disait-elle s'appeler *Marie-Jeanne* ou *Jeanne-Marie* ?

— C'est à peu près la même chose.

— Sans doute ; mais cet *à peu près* pourrait mettre pas mal d'entraves à sa reconnaissance par sa mère... — Se souvenait-elle du nom de famille des gens chez qui elle vivait ?

— Nullement.

— De leur état ?

— Ils *travaillaient* — disait-elle — mais elle ne savait pas à quoi.

— Du quartier qu'ils habitaient ?

— Pas même un souvenir.

— Elle portait au cou une petite médaille, n'est-ce pas ?

— Oui, monsieur ; mais quand elle m'a été confiée, je la lui ai prise pour qu'elle ne la perdît point, pensant que ça pourrait, un jour ou l'autre, aider à la reconnaître...

— Ainsi, cette médaille, vous l'avez ? — demanda vivement l'homme d'affaires.

— Oui, monsieur.

La figure de Placide s'épanouit.
— Voulez-vous me la montrer... — reprit-il.
— Tout de suite...

Madame Ligier alla ouvrir une grande armoire occupant un des panneaux de la chambre et y prit un coffret dont elle souleva le couvercle.

L'instant décisif approchait.

Joubert allait savoir, à n'en pouvoir douter, s'il se trouvait sur la bonne piste et si *Marie-Jeanne* était véritablement *Jeanne-Marie*.

La blanchisseuse, fouillant dans le coffret, en tira une médaille suspendue à un cordon de soie.

— La voici, monsieur... — fit-elle en présentant la médaille à son visiteur qui, après avoir jeté sur elle un simple coup d'œil, s'écria :

— Malheur !... — Ce n'est pas elle...

— Marie-Jeanne n'est point l'enfant que vous cherchez ?...

— Non, madame...

— A quoi le voyez-vous ?

— La médaille que portait Jeanne-Marie était en argent, et celle-ci est en cuivre..... — De plus, elle était percée de trois trous formant le triangle, et celle-ci est intacte... — Donc, aucune erreur n'est possible... — *Marie-Jeanne* n'a rien de commun avec *Jeanne-Marie*...

Madame Ligier, dans son effarement, entendait bien les explications que lui donnait l'homme d'affaires ; mais les paroles de Placide n'étaient que des sons frappant son oreille. — Elle n'y comprenait absolument rien.

Une seule chose s'imposait à son esprit : c'est que la responsabilité lui incombant au sujet de la fugue de Marie-Jeanne devenait infiniment moins grave, Marie-Jeanne n'étant pas l'enfant que l'on cherchait.

Joubert lui rendit la médaille dont la vue venait de lui causer une si profonde déception, et pendant un instant il resta songeur.

— Si je ne retrouve pas la vraie *Jeanne-Marie* — se disait-il — celle-ci pourrait au besoin passer pour elle... — La similitude de noms me servirait... — Quant à la médaille, j'aviserais, et mon graveur de la rue des Saussaies me rendrait la tâche facile... — Il faut retrouver cette fille...

Puis, tout haut, il renoua l'entretien par ces mots :

— Ainsi donc, cette Marie-Jeanne s'est enfuie ?...

— Hélas ! oui, monsieur...

— Et, comment cela ?

Madame Ligier raconta à Placide ce que la veille elle avait raconté à Bonichon.

Joubert gravait dans sa mémoire les détails de ce récit.

Il allait s'éloigner quand la porte de la chambre s'ouvrit, et une jeune fille entra précipitamment, haletante comme après une course, en s'écriant :

— Madame !... madame !...

— Eh ! quoi donc, Rose ? — demanda la blanchisseuse.

— Marie-Jeanne...

II

Joubert tressaillit.

— Marie-Jeanne... — répéta madame Ligier, prise d'un tremblement soudain. — Est-ce qu'elle est revenue ?

— Non, madame, — répondit la jeune fille — mais on l'a vue.

— Où ça ?

— A Champignolles, chez Bordier.

— Quand ça ?

— Hier.

— Qui l'a vue ?

— Madame Hamel, à qui je viens de reporter du linge. — Elle était avec un monsieur, Marie-Jeanne, et si bien nippée qu'elle avait l'air d'une cocotte de Paris ; elle a dîné au restaurant et bu du vin couché dans un petit panier, et ensuite du vin de Champagne. — Madame Hamel, qui savait qu'elle était partie de chez vous, a voulu lui faire des remontrances. — Devinez ce qu'elle lui a répondu ?

— Quoi donc ?

— *Des nèfles !...*

— La coquine ! — s'écria Madame Ligier.

— Elle promet ! — pensa Joubert — C'est bien la fille qu'il me faut... — Je n'ai plus rien à faire ici, madame — ajouta-t-il — je me retire...

Et il quitta en effet la maison de la blanchisseuse, pour regagner l'auberge où se trouvait la voiture qui l'avait amené à Bonneuil.

— Attelez vite — ordonna-t-il au cocher — et conduisez-moi à Champignolles, au restaurant Bordier.

* *

Mademoiselle de Rhodé et sa fidèle servante avaient passé la soirée à établir des calculs, se proposant de sortir le lendemain.

Sur l'argent envoyé par Joubert, on ferait emplette pour l'aveugle d'une robe de soie et un chapeau, et pour Thérèse d'une robe de laine et d'un manteau chaudement doublé.

On renouvellerait la provision de charbon de terre

et de bois. — On solderait quelques petits comptes arriérés chez des fournisseurs.

— Nous irons chez la modiste où j'ai acheté, il y a deux ans, le dernier chapeau de mademoiselle... — dit Thérèse.

— Ses prix sont bien élevés... — fit observer Pauline.

— C'est vrai, mais ses chapeaux sont plus jolis que les autres, et ils durent le diable... — Ça les diminue donc de moitié...

Le lendemain après déjeuner les deux femmes quittèrent leur logis et, les courses devant être nombreuses, elles prirent un fiacre...

— Par où commençons-nous, mademoiselle ?... — demanda la servante.

— Par la modiste.

Thérèse donna l'adresse du magasin de la rue Caumartin que nous connaissons déjà, et où nous allons nous-mêmes conduire nos lecteurs.

Claire Gervais, comme la veille, était arrivée de bonne heure et s'était mise au travail après avoir disposé l'étalage et touché quelques notes pour madame Thouret, de plus en plus enthousiasmée de sa nouvelle recrue.

Une journée avait suffi à Claire pour se mettre au courant de toutes choses, pour connaître le contenu de chaque casier, de chaque carton.

Plusieurs clientes étant venues faire des emplettes, la jeune fille, adroite, souple et gracieuse, prévenante et point importune, avait réussi toutes ses ventes.

Dans l'après-midi elle s'était montrée ouvrière très active et d'un goût irréprochable.

Bref madame Thouret, après l'avoir complimentée, avait écrit à Lucienne Bernier ces quelques lignes :

« Chère madame,

» J'ai engagé votre protégée.
» Je suis ravie...
» C'est une fée.
» Mille fois merci ! ! »

La jeune fille se trouvait seule, la modiste venant de sortir pour affaires, quand un fiacre s'arrêta devant le magasin, et de ce fiacre descendirent mademoiselle de Rhodé et Thérèse.

La servante ouvrit la porte et fit entrer sa maîtresse.

Claire, du premier coup d'œil, reconnut l'aveugle.

— Vous, madame ! — s'écria-t-elle en la prenant

par la main pour la conduire à un fauteuil — ah ! que je suis heureuse !... je n'espérais pas vous revoir... mais souvent je pensais à vous... je me souvenais des bonnes paroles que vous avez bien voulu m'adresser...

Pauline très surprise écoutait la voix de l'orpheline, et cette voix, comme la première fois, la remuait jusqu'au fond de l'âme, lui causait un trouble infini.

— Je me souviens parfaitement de vous avoir entendue déjà, mademoiselle. — Mais quand ? — demanda-t-elle — et où donc ?

— Il y a quelques semaines de cela, madame, — répondit Claire Gervais — C'était chez le notaire de la rue de Condé où vous veniez, comme moi, écouter la lecture du testament de M. Estival.

— Oui, oui, je me rappelle... — fit vivement l'aveugle en serrant dans les siennes les mains de la jeune fille. — Vous sortiez de l'hospice ?...

— Oui, madame.

— Pauvre mignonne !... — Vous aviez eu très froid pour venir... et votre legs était bien modeste...

— Un billet de loterie, madame...

— Avez-vous gagné quelque chose, au moins ?

— La loterie n'est pas encore tirée.

— Par conséquent il vous reste l'espoir... — Et, maintenant, que faites-vous ?

— J'ai eu le bonheur de trouver un emploi... — Je suis, depuis hier, demoiselle de magasin ici... chez madame Thouret.

— Et vous êtes contente ?

— Plus que contente... heureuse ! — Je n'aurais pas osé rêver une pareille chance ! — Toujours seule chez moi, c'était si triste... Je gagnais beaucoup moins, et je m'ennuyais à mourir. — Songez donc, madame, point de parents, point d'amies !... Seule !... toujours seule !...

— Chère enfant, oui, je le comprends, c'est bien triste en effet... bien triste d'être sans famille !... — Personne ne le sait mieux que moi qui depuis seize années pleure en appelant ma fille absente...

— Votre fille, madame ?...

— Oui, ma fille, enlevée toute petite à mes caresses, à mes soins, à mon amour, et qui peut-être est isolée, pauvre et souffrante, comme vous l'étiez il y a quelques jours ! — C'est Claire, je crois, que l'on vous nomme... C'est ainsi du moins que je vous ai entendu appeler chez le notaire.

— Claire, oui, madame... Claire Gervais...

— Et, vous avez seize ans ?

— Oui, madame...

— C'est l'âge de ma fille !... — Oh ! si Dieu me permet de la retrouver, quelle joie !... Quelle ivresse !...

— On vous a pris votre enfant ?... Mais c'était un crime, cela ! !

— Certes !... Un crime odieux !...

— Et vous avez passé seize ans sans entendre parler d'elle ?...

— Seize ans... oui... C'est bien long, mon Dieu !...

— Etes-vous certaine, au moins, qu'elle est vivante ?...

— Malheureusement, non ! — J'ai des espérances et point de certitudes. — On la cherche... On croit qu'elle existe, mais rien ne le prouve... — Si c'est une déception qui m'attend, elle sera trop cruelle ! — Si l'on vient me dire que ma fille est morte, j'en mourrai ! !

— Je vous plains, madame... je vous plains du plus profond de mon âme !... — De telles incertitudes, de telles angoisses, doivent être effroyables... Cependant, ne vous laissez pas abattre... Votre enfant vous sera rendue... il me semble que j'en suis certaine ! !... Je voudrais vous savoir heureuse, madame... — J'ignore pourquoi, dès le premier jour où je vous ai vue, je me suis sentie attirée vers vous... je vous ai aimée...

— Je puis vous en dire autant, mignonne... — répondit l'aveugle très émue — Il m'est, hélas ! impossible de vous voir, mais votre douce voix m'est allée au cœur... — Si je retrouve ma fille, elle sera votre amie... — je lui dirai de vous aimer et vous l'aimerez bien...

— Comme si elle était ma sœur, madame puisque vous daignez me le permettre...

— Vous aurez ainsi une famille... Vous viendrez nous voir... vous nous le promettez ?...

— Ce sera pour moi une grande joie...

— Voulez-vous que je vous embrasse, Claire ?... — demanda mademoiselle de Rhodé d'une voix mouillée de larmes... — Il me semblera que ce baiser je le donne à ma fille, et qu'il me portera bonheur...

— Oh ! oui, madame, embrassez-moi ! — fit l'orpheline les yeux humides — et laissez-moi vous rendre le baiser que j'aurai reçu... il me semblera de donner à la mère que j'ai perdue...

Mademoiselle de Rhodé serra Claire Gervais dans ses bras, et les deux pauvres deshéritées mêlèrent leurs baisers et leurs larmes.

III

— Ah ! Thérèse, Thérèse — s'écria mademoiselle de Rhodé quand se dénoua la mutuelle étreinte — au bonheur que je viens de ressentir en embrassant cette enfant, je comprends que ma vie recommencera si je retrouve ma fille ! !

— Vous la retrouverez, mademoiselle — répliqua la servante. — Vous la retrouverez, car le bon Dieu est bon ! Mais n'oubliez pas qu'il nous reste plusieurs courses à faire et qu'en cette saison la nuit vient vite... sans compter que nous avons un *ver rongeur* à la porte.

— C'est vrai — fit l'aveugle en souriant avec mélancolie. — La nuit ne vient jamais pour moi, mais les fiacres coûtent cher, et notre fortune est bien modeste... — Mon enfant, nous sommes venues ici, où nous ne savions pas vous rencontrer, pour acheter un chapeau en remplacement de celui que je porte, et qui est très fané... à ce que dit Thérèse...

— Un joli chapeau, oui... — ajouta la fidèle servante — mais dans des prix doux cependant.

— Si vous avez acheté déjà des coiffures à madame Thouret — répliqua Claire — vous savez que les prix de la maison sont fort élevés...

— Nous savons cela, oui — mais mademoiselle veut un chapeau bien simple...

— Je vais faire tout ce qui dépendra de moi pour vous contenter...

Et la jeune fille choisit un chapeau d'une nuance foncée, d'une élégance sobre, qu'elle essaya à mademoiselle de Rhodé, et qui s'harmonisait à merveille avec ses cheveux déjà blanchissants et l'exquise distinction de sa physionomie.

Il était impossible de trouver mieux.

Le prix, relativement modéré, convint à l'aveugle.

Il fut convenu que le soir même, en quittant le magasin, la jeune fille le porterait à l'adresse donnée par Thérèse.

Pauline embrassa Claire une fois encore ; les deux femmes remontèrent en voiture, et l'orpheline, le cœur gonflé d'une émotion inconnue, regarda le fiacre s'éloigner jusqu'au moment où elle le perdit de vue au point de jonction de la rue Caumartin et du boulevard.

.·.

Bonichon, nos lecteurs le savent, avait pris le chemin de la Varenne-Saint-Hilaire, afin d'y commencer l'enquête qui devait, croyait-il, le mettre sur les traces du canotier conquérant et de Marie-Jeanne, sa conquête.

Assurément le mois de février n'est point l'époque du canotage.

La seule pensée de se geler les mains sur les poignées des avirons, avec une température voisine de *zéro*, donne le frisson au commun des mortels.

Cependant quelques marins d'eau douce, enragés ou maniaques, profitent volontiers des belles journées d'hiver pour venir se *dérouiller les bras*, comme ils disent, et pour manger ensuite une friture et un lapin sauté.

On voit même, par certains dimanches ensoleillés, des escouades assez complètes braver les grandes eaux et la bise glaciale.

C'est là-dessus que comptait Bonichon.

Une fois à La Varenne il commença par entrer dans un restaurant pour déjeuner, se proposant de prendre ensuite des renseignements qui serviraient de point de départ à son enquête.

Au moment où il s'asseyait après avoir commandé son repas, trois jeunes gens portant des paletots garnis de fourrures sur leurs vareuses de canotiers firent une entrée bruyante dans la salle du restaurant, où ils devaient être très connus et haut côtés, car le maître de la maison alla vivement à leur rencontre, avec son plus aimable sourire sur les lèvres.

— Comment, vous, ici, monsieur de Saint-Gérin ; vous aussi, messieurs, par un froid pareil ! — s'écria-t-il — Je ne m'attendais guère à vous voir aujourd'hui...

— Et c'est bien la dernière fois que vous nous voyez cet hiver !... — répondit celui des jeunes gens qu'on venait de nommer Saint-Gérin — On ne nous y repincera plus ! nous sommes gelés... — Du reste nous n'avons canoté ce matin que parce que nous avions dîné hier chez Bordier, à Champignolles, avec de Quercy... Un dîner de noce... de la main gauche... — Nous avons couché là et, nous trouvant tout portés, nous avons pris les avirons pour nous dégourdir les biceps... — Voilà !...

— Faites-nous servir des apéritifs, et commandez un déjeuner sérieux... — Nous mourons de faim !...

Le patron donna des ordres et revint à ses trois clients.

— M. de Quercy ne vous a pas accompagnés ? — demanda-t-il.

— Il est reparti pour Paris hier soir. — D'ailleurs vous ne le reverrez plus par ici, même en été... — Il va faire transporter à Charenton son cliper, ses deux yoles et ses deux skiffs... Il abandonne la Marne...

— Ah ! bah !... Pourquoi donc ça !...

— Pour naviguer en Seine dans de grandes eaux et de grands bassins, à ce qu'il prétend... — Mais, la vraie raison, c'est qu'il est amoureux...

— Amoureux !... M. de Quercy !... lui qui blaguait toujours !...

— Parfaitement, et très bêtement ! — Il s'est laissé prendre comme un sot par une jeune dinde, qui ne demande d'ailleurs qu'à se former, et qui dans six mois le fera pirouetter de la belle façon, si l'on en juge par ce que nous avons vu hier au dîner.

— Où a-t-il déniché ce bel oiseau ?

— Dans quelque village des environs. — C'est une petite ouvrière blanchisseuse de seize à dix-sept ans, assez jolie, fort mal élevée, très délurée, qu'il a enlevée à son atelier... — Elle ne veut pas revenir dans ce pays où tout le monde la connaît, et voilà pourquoi de Quercy, qui subit ses caprices va déménager sa flottille...

Bonichon, tout en déjeunant, n'avait rien perdu de la conversation qui précède et dès les premiers mots il avait dressé l'oreille, vivement intéressé.

Cette ouvrière blanchisseuse de seize à dix-sept ans, enlevée de son atelier et forçant son amant à quitter les bords de la Marne où elle était connue, ne pouvait être que Marie-Jeanne — il le croyait du moins.

S'en assurer le plus tôt possible était chose indiquée.

L'agent de Jacquier ne songea même point à questionner les jeunes gens qui venaient de se mettre à table et qui le recevraient, sans le moindre doute, comme un chien dans un jeu de quilles.

Il se hâta de terminer son déjeuner, paya sa dépense et s'élança sur le chemin de halage conduisant au pont de Champigny.

Il allait à Champignolles, chez Bordier, comptant bien trouver là les renseignements positifs dont il avait besoin.

Et c'était vers le même lieu qu'à la même heure se dirigeait Placide Joubert.

Le restaurant Bordier est connu non seulement

de tous les canotiers, mais encore de tous les promeneurs qui, par les beaux jours de l'été et de l'automne, fréquentent les bords si verdoyants et si pittoresques de la Marne.

Ce jour-là, par une matinée glaciale, un énorme poêle de fonte bourré de houille ronflait en chauffant la grande salle du restaurant.

Joubert, dont la voiture venait de s'arrêter à la porte, entra dans cette salle :

— Je voudrais déjeuner... — dit-il au patron de l'établissement. — Que pouvez-vous me donner?...

— En hiver et en semaine nous sommes mal approvisionnés quand il ne s'agit point d'un repas de commande... — répondit le restaurateur. — Je ne puis offrir à monsieur qu'une côtelette ou un bifteck, suivis d'une matelote ou d'une friture... — Ça suffira-t-il ?

— Avec un morceau de fromage... parfaitement.

— Je prierai monsieur d'attendre un peu, à cause de la matelote...

— Je ne suis pas pressé... faite-moi donner une absinthe pour tuer le temps.

— Victoire — cria le restaurateur — une absinthe à monsieur, et mettez le couvert sur une petite table, près du poêle...

— Tout de suite, patron...

Et Victoire, une bonne grosse servante rougeaude — s'empressa d'apporter la liqueur verte, une carafe remplie d'eau et un verre.

— C'est une fille qui va me servir... — pensa Joubert — ça va bien ! — Par elle je saurai ce qu'il faut que je sache...

Tandis que l'homme d'affaires de la rue Geoffroy-Marie dégustait son absinthe, un pas rapide se fit entendre au dehors, la porte s'ouvrit, et un nouveau personnage entra, grelottant.

— Un grand verre de vin chaud, mam'zelle, s'il vous plaît... — dit-il à Victoire — Je suis littéralement gelé...

— Tout de suite, monsieur... — répondit la servante — Asseyez-vous près du poêle... — Ça vous dégèlera l'extérieur, en attendant que le vin chaud vous dégèle l'intérieur.

Le nouveau venu — qui n'était autre que Bonichon — tressaillit en voyant Joubert installé.

— Sapristi ! — murmura-t-il — L'intrigant m'a devancé... — C'est à lui la voiture qui stationne dans la rue... — Pour sûr, il sort de chez la blanchisseuse de Bonneuil ; il a su l'escapade de Marie-Jeanne et il vient aux renseignements comme moi ! Que le diable le patafiole !

Bonichon connaissait Joubert, mais n'était point connu de lui.

— Ne fait-il que d'arriver? — se demanda-t-il — A-t-il questionné déjà?... — Je saurai cela tout à l'heure...

IV

L'attente de Bonichon fut courte.

— L'été vous devez recevoir beaucoup de canotiers ? — demanda Placide à Victoire, qui mettait le couvert.

— Oh! oui, monsieur, des *flottes!*... C'est bien le cas de le dire... répliqua-t-elle en riant.

— Et l'hiver ?...

— Ça n'est plus la même chose !... Cependant par de beaux froids secs, comme il en fait depuis deux jours, on en voit encore quelques-uns... des intrépides...

En entendant le dialogue ainsi engagé, Bonichon pensa...

— Bien sûr, il ne fait que d'arriver. — Il ne sait encore rien... C'est lui qui va faire les frais de l'enquête et m'éviter la peine de questionner...

Joubert reprit :

— Vous devez avoir des habitués ?...

— Oui, monsieur... — D'abord ceux qui remisent ici leurs canots, que le patron soigne... — Vous pensez bien que c'est toujours chez nous qu'ils viennent faire la fête avec leurs particulières...

— Qu'ils amènent de Paris... — insinua Placide.

— Il y en a aussi, des demoiselles, qui ne viennent pas de si loin... — fit la servante d'un air malin.

— C'est vrai... on m'a parlé tout à l'heure à Bonneuil d'une jeune personne du pays, qui a lâché les fers à repasser pour embrasser la profession du canotage, infiniment moins fatigante et plus lucrative...

— Ah! oui, la petite blanchisseuse de chez maman Ligier... — Elle pouvait se vanter d'avoir la vocation, celle-là! — Pas plus tard qu'hier soir elle dînait ici avec quatre messieurs de nos clients... quatre jeunes gens chics... un dîner commandé dans les grands prix. — Une vieille dame qui la connaît, ayant voulu lui faire une morale au moment où elle arrivait, elle lui a répondu : *Des nèfles!* — et si bien envoyé, que pas une cocotte parisienne n'aurait pu lui damer le pion !...

— Et vous savez le nom de cette débutante en rupture d'atelier ?

— Pardine, si je le sais ! — Elle a nom *Marie-*

Jeanne, mais elle va en changer, disait-elle hier à ces messieurs, parce qu'elle trouve celui-là commun comme du pain d'orge.

— *Marie-Jeanne!* — répétèrent à la fois tout bas Joubert et Bonichon.

Puis tous deux ajoutèrent en même temps *in petto*.

— C'est celle que je cherche.

Placide reprit à haute voix :

— Le jeune homme qui l'a enlevée aux fers à repasser est-il du pays ?

— Lui ? Pas du tout... C'est un Parisien... Un monsieur très riche et très comme il faut...

— Je le connais peut-être... — Comment s'appelle-t-il ?

Victoire allait répondre lorsque, depuis la cuisine dont la porte ouverte donnait dans la grande salle, le patron l'appela d'une voix furibonde.

Elle courut le rejoindre.

— Comment, — lui dit-il, rouge de colère — voilà que vous racontez au premier venu des histoires de nos clients ! C'est-il une conduite ! ! — Est-ce que ça regarde ce pierrot-là, ce qui se passe chez nous ?... — Qu'a-t-il besoin de savoir le nom de M. de Quercy ? — Je vous ai défendu vingt fois de bavarder, mais vous êtes incorrigible ! ! — C'est cependant bien facile, quand on vous fait des questions, de répliquer : — *Je ne sais pas...* — Si vous n'apprenez point à tenir votre langue, je vous flanquerai à la porte !.. — Maintenant, allez servir... — Voici le vin chaud de l'un et la côtelette de l'autre...

Victoire obéit, la tête basse.

— Pourvu qu'elle ne lui dise pas le nom de de Quercy, et surtout qu'elle ne lui donne pas son adresse... — pensait Bonichon tout en dégustant une gorgée du breuvage réparateur. — Comment se fait-il que le mal-bâti de la rue Geoffroy-Marie se soit mis en quête avant d'avoir prévenu l'Assistance publique ? — Il y a là quelque chose que je ne devine pas...

— Quel vin boira monsieur ? — demanda la servante à Joubert, en posant devant lui la côtelette sur la table.

— Du châblis.

Elle alla chercher la bouteille et, tandis qu'elle la débouchait, Placide voulut reprendre l'entretien au point où il avait été interrompu quelques instants auparavant; mais Victoire n'entendait plus de cette oreille-là et Placide, vigoureusement rembarré, dut comprendre qu'il n'apprendrait absolument plus rien par elle.

Bonichon triomphant acheva son vin chaud, paya sa modeste dépense, et se dirigeant vers la cuisine où trônait le patron lui dit :

— M. de Saint-Gérin, que je connais beaucoup et que j'ai vu ce matin à La Varenne, m'a affirmé que son ami M. de Quercy renonçait au canotage en Marne et transportait sa flottille dans la Haute-Seine. — Est-ce exact ?

— Parfaitement exact.... A preuve que, dès demain, je dois conduire ses embarcations à Charenton... — répondit le restaurateur... — Pourquoi me demandez-vous cela ?

— Parce que je suis le secrétaire du *Cercle de l'aviron et de la voile* de la haute Seine. Le comité serait très heureux, je le sais, d'inscrire M. de Quercy parmi les membres du cercle et, comme il a dîné chez vous hier et qu'il y a peut-être couché, je vous prierais, s'il s'y trouve encore, de vouloir bien me mettre en rapport avec lui, ce qui me permettrait de lui faire une ouverture à ce sujet.

— M. de Quercy est reparti hier soir par le dernier train, avec sa *petite* ; mais vous pouvez le voir à Paris...

— Rue de l'Université, je crois.

— Pas du tout... quai Bourbon, numéro 22, dans l'île Saint-Louis...

Bonichon venait d'obtenir assez adroitement l'adresse qu'il convoitait. — Rien ne le retenait plus à Champignolles. — Il salua le restaurateur et sortit.

— J'ai très bien mené ma barque — murmurait-il tout en prenant le chemin de la station du chemin de fer qui devait le ramener à Paris. — Maintenant, il ne s'agit plus que de savoir si c'est au quai Bourbon que demeure Marie-Jeanne... Ensuite ce sera l'affaire du patron de me tailler de la besogne...

Joubert, une heure plus tard, regagna Paris de son côté, mais infiniment moins satisfait que Bonichon et très perplexe — il ne savait où chercher la véritable fille de mademoiselle de Rhodé, et il venait de perdre la trace de cette *Marie-Jeanne*, qui au besoin eût pu lui servir à remplacer *Jeanne-Marie*.

.˙.

Après son échec si complet rue des Lions-Saint-Paul, Léopold Joubert avait complètement perdu la tête qui, nous le savons déjà, n'était pas bien solide.

Malgré l'humiliation profonde qu'il venait de subir, il ne pouvait renoncer à Claire Gervais. —

Il se sentait pris plus que jamais. — S'il avait été le seul maître en ce moment de sa personne et de ses actions, il aurait fait tout au monde pour devenir le mari de l'orpheline dans les délais légaux.

— Je veux l'avoir!! — se répétait-il — Je ne peux pas vivre sans elle!!! — Il faut qu'elle m'appartienne... elle m'appartiendra... — Mais, le moyen?

Et à cette question il ne pouvait répondre.

Le cocher qui l'attendait à la porte reçut l'ordre de le conduire chez le notaire de la rue Dauphine, où le principal l'accueillit plus que froidement et lui demanda ce qu'il comptait faire relativement à la maison achetée et payée par lui au nom de mademoiselle Claire Gervais.

Léopold, très déconfit, très penaud, pria qu'un nouvel acte fût rédigé, à son nom cette fois, et il en paya les frais séance tenante ; puis, dès le soir de ce même jour, il retourna chez Lucienne Bernier et se mit à faire la fête, jetant l'argent par les fenêtres, soupant et jouant chaque nuit, non pour oublier Claire mais pour s'étourdir.

Il ne parvint qu'à se donner d'effroyables migraines et à compromettre de plus en plus sa santé déjà si chancelante. — Plus que jamais le souvenir de l'orpheline pâle et frêle, manquant de tout et, néanmoins, le chassant si fièrement de sa mansarde où il apportait la richesse, s'imposait à sa mémoire, obsédait sa pensée.

La lettre de madame Alexandrine Toure avait fait connaître à Lucienne l'entrée de Claire Gervais dans le magasin de modes de la rue Caumartin.

Elle crut qu'il était opportun de prévenir Placide Joubert du premier résultat obtenu, mais pour le prévenir comment s'y prendre.

Écrire ? il ne fallait point y songer.

Rien n'est plus compromettant qu'une lettre.

Aller en personne rue Geoffroy-Marie valait cent fois mieux.

Placide étant homme d'affaires, il n'y avait rien d'invraisemblable à ce que la déclassée eût à lui demander quelques conseils ou à lui confier des intérêts.

En conséquence, le lendemain du jour où lui était arrivé la lettre, elle revêtit un costume très élégant mais de couleur sombre, cacha les deux tiers de son visage sous une voilette de dentelle presque aussi épaisse que les *loups* de velours noir, accompagnement obligé des dominos vénitiens, et prit le chemin de la demeure du père de Léopold.

V

A peine introduite dans le cabinet de l'homme d'affaires, et au moment où celui-ci allait lui demander quel était le motif de sa visite, Lucienne Bernier leva son voile.

— Vous! chère madame! — s'écria Joubert étonné. — Vous, chez moi! que se passe-t-il donc?

— Des choses fort naturelles, mais dont vous devez être instruit... — répondit la jeune femme en s'asseyant. — Pour des raisons de prudence faciles à comprendre je ne voulais pas vous écrire... je suis venue.

— Claire Gervais?

— Est aujourd'hui placée, sur ma recommandation, comme demoiselle de magasin chez une marchande de modes... Une place modeste, mais qui lui permet de gagner honnêtement sa vie...

— Ce n'est point du tout de cela que nous étions convenus... — répliqua Placide.

— Vous êtes trop pressé, cher monsieur... — Pour arriver au but que nous nous proposons tous les deux d'atteindre, il fallait avant tout que Claire Gervais fût installée dans une maison de commerce où on eût confiance en elle... — Ce premier pas est fait... — Je pourrai bientôt agir...

— Qu'avez-vous résolu ?

— Ça, c'est mon secret jusqu'à nouvel ordre... vous le saurez quand j'aurai réussi... — Contentez-vous d'être certain qu'il y aura bientôt une barrière infranchissable entre les velléités matrimoniales de votre bêta de fils, et cette péronnelle...

— Hâtez-vous !... hâtez-vous !...

— Y a-t-il donc péril en la demeure ?

— Plus que jamais !... — La petite, qui veut se faire épouser, joue avec une rouerie diabolique la comédie de la vertu... — Elle a refusé la maison et mis mon nigaud de fils à la porte. — Cette résistance achève d'affoler Léopold et de lui tourner la tête ! — En ce moment il fait des folies pour s'étourdir, il joue, il passe les nuits !... Le malheureux enfant se tuera !...

— Bast ! Nous le sauverons...

— Quand ?

— D'ici à huit jours Léopold renoncera de lui-même à son amour.

— Ah! si cela était...

— Cela sera. — Je tiens à gagner loyalement mon argent... — Vous pouvez compter sur moi...

— J'y compte d'autant plus que j'ai un autre service à vous demander, et que vous seule pouvez me le rendre.

— Un autre service!... — fit Lucienne en riant — je vous préviens que ça sera cher!

— Je ne marchanderai pas...

— De quoi s'agit-il?

— Léopold fait des folies, je vous le répète!... — Il achète et paye comptant des maisons de vingt-cinq mille francs... Il joue... il perd... Il jette littéralement l'argent par les fenêtres... Cet argent, où le prend-il?

— Vous devez comprendre, cher monsieur, que je l'ignore.

— Il faut le savoir...

— Les prêteurs d'argent, tranchons le mot : les usuriers ne manquent pas à Paris... — On vous sait riche... — Un de ces messieurs ouvre sa caisse à votre fils...

— En lui faisant payer vingt francs chaque pièce de cent sous qu'il lui donne... Il n'y a point de fortune qui puisse résister à des opérations de ce genre ; Léopold se ruinera de fond en comble, signera des deux mains ce qu'on voudra lui faire signer, et j'aurai travaillé toute ma vie pour enrichir quelque flibustier qui rit à mes dépens !... Si je connaissais ce flibustier, il n'en serait pas de même... — Je me chargerais de le démolir, de le couler, et ce ne serait pas long... — Dites-moi le nom du gredin qui gruge mon fils, et j'ajouterai vingt-cinq mille francs à la somme que je vous ai promise.

— Vingt-cinq mille francs de plus ! — s'écria Lucienne — Je ne sais pas comment je m'y prendrai pour connaître le nom qu'il vous faut, mais je le connaîtrai, c'est certain...

En ce moment précis on entendit frapper à la porte dont Placide avait poussé le verrou en reconnaissant Lucienne.

— Qui frappe ? — demanda-t-il.

— Moi, papa... — Ouvre donc, sapristi ! — répondit une voix du dehors.

— C'est Léopold... — fit la jeune femme en se levant vivement. — S'il me rencontre ici, tout est flambé !...

Joubert ouvrit la porte qui mettait le cabinet en communication avec son appartement.

— Entrez là... dit-il — et attendez-moi.

Lucienne s'élança dans le couloir.

Placide referma derrière elle.

— Mais, ouvre donc, papa !... ouvre donc ! — répéta Léopold en frappant de plus belle.

L'homme d'affaires alla tirer le verrou.

— Que signifie ce tapage ?... — demanda-t-il avec sévérité, tandis que Léopold franchissait le seuil en titubant... — Qu'est-ce que cette façon de te présenter chez moi ?

— Blagueur, ton plumitif !... — bégaya le gommeux en jetant un regard autour de lui... — Figure-toi, papa, qu'il prétendait que tu étais avec une dame... La dame à papa !... Oh ! oh !...

Et Léopold eut un éclat de rire idiot.

— Malheureux ! tu es ivre !... — s'écria Joubert.

— A peine ému... — répliqua Léopold — Un petit plumet coquet, pas autre chose... — J'ai bu tout à l'heure, avec les huîtres, un Château-d'Yquem absolument inénarrable... il m'a réussi tout à fait... il m'a donné de la verve... du montant... de la hardiesse...

— De la hardiesse !... — interrompit Placide — il t'en fallait pour oser te montrer ainsi... pour t'offrir en spectacle à mes employés dans un pareil état... — je ne te croyais point capable d'une telle inconvenance...

Léopold se laissa tomber de toute sa hauteur sur une chaise qui craqua sous le choc.

— Oh! tu peux sermonner, papa... — balbutia-t-il d'une voix pâteuse. — Vas-y tout à ton aise... épanche ta bile... — Quand tu auras fini, nous causerons sérieusement...

— On ne cause pas avec un homme ivre!...

— Ivre, jamais!... — je te l'ai déjà dit, à peine ému! — C'est l'Yquem 70 qui en est la cause... très pschutt, l'Yquem 70... un louis et demi la bouteille... — Regarde-moi, papa, ça me donne de petites couleurs... ça me met du phosphore dans les prunelles... je suis joli comme tout, ce matin... — Inutile de marronner et de ronchonner, papa... — Assieds-toi et dialoguons...

Joubert, impatienté, frappa du pied...

— Quitte ce ton! — dit-il bruyamment. — Depuis huit jours tu n'as pas mis les pieds ici... tu aurais pu te dispenser d'y venir ce matin...

— Depuis huit jours, j'ai eu des affaires, papa...

— Je les connais, tes affaires! — s'écria Placide se montant malgré lui. — Elles sont jolies!...

— Puisque tu les connais, ça m'évitera la peine de te les expliquer...

— Tu achètes des maisons et des mobiliers pour mademoiselle Claire Gervais, ouvrière en modes.

— Elle les refuse avec enthousiasme... Un ange, un vrai ange, papa... Il y a des rosières couronnées par l'Académie française en séance solennelle, et qui ne méritent pas autant que Claire le prix de vertu, attendu qu'à ces rosières-là on n'offrait probablement pas des maisons et des mobiliers... A propos, veux-tu t'en arranger pour le prix coûtant, de la maison ? ça serait une petite affaire très gentille...

Joubert haussa les épaules.

— Ça ne te va pas... n'en parlons plus — reprit Léopold, — Aussi bien, ce n'est point pour te proposer une opération de ce genre que je suis venu...

— Pourquoi donc, alors ?

— Pour te dire, ou plutôt pour te répéter ceci : — Papa, la vie que je mène m'embête... les filles que je fréquente sont stupides... les amis que je tutoie sont des imbéciles... — la flânerie me porte sur les nerfs... Tel que tu me vois, je veux travailler...

Placide regarda son fils avec stupéfaction.

— Travailler !... toi ! — répéta-t-il ensuite.

— Mais, parfaitement bien !... — Je ne vois même pas ce qu'il y a d'étonnant à cela !...

— De quoi es-tu capable!... — Tu n'as jamais voulu étudier quoi que ce soit...

— Quand on a de la jugeotte, inutile d'être un savant... — Je ne suis pas plus bête que toi, hein, papa? — Fais de moi ton associé... apprends-moi les affaires... D'ici à six semaines je serai au courant. — Tu deviens vieux, tu te décatis, tu te fatigues... — J'ai de la jeunesse, de l'ardeur, de l'initiative... Ça constitue un apport sérieux, tout ça!... — Donne-moi des appointements coquets, et vingt-cinq pour cent sur les affaires que je traiterai... — Tu verras comme je ferai prospérer la boutique!!

Léopold, tout en bégayant un peu et en gesticulant plus qu'il n'aurait fallu, s'exprimait en somme d'une façon nette et catégorique.

— Est-ce sérieux, ce que tu me dis là? — demanda Placide.

— Je te crois, que c'est sérieux!... — Tu me feras profiter de ton expérience... Tu m'apprendras les trucs pour marcher sans trébucher sur les marges du Code... — Je connais à fond le métier de prêteur d'argent...

— Ah! — fit Joubert en tressaillant.

— N'ai-je pas des amis qui viennent chez toi manger leur blé en herbe, escompter leur fortune

à venir?... — Je sais à quel taux tu leur prêtes...
— Je suis très répandu dans le monde où l'on ne
s'ennuie pas... — Je t'enverrai des clients... une
flotte de clients... tu verras... — Est-ce entendu,
papa? — Me prends-tu pour associé?...

VI

— Ce n'est pas là ce que j'ai rêvé pour toi... — murmura Placide en poussant un soupir.

— Oui... oui... je sais — fit Léopold avec un rire niais, accompagné de quelques hoquets — la demoiselle aux deux millions et demi, que tu es en train de dénicher... — Eh bien! papa, il n'en faut pas, de la demoiselle!... — Je veux bien lâcher la vie de polichinelle et me mettre à piocher du matin au soir comme le premier expéditionnaire venu, mais c'est à condition que tu me laisseras épouser qui je voudrai...

— Claire Gervais, n'est-ce pas? — s'écria Placide avec colère.

— Eh bien! oui, Claire Gervais... — Tu me la donneras, puisque j'en perds la tête...

— Quant à ça, jamais!!!

— Ne dis donc point de bêtises, papa ! — Qu'est-ce que tu peux lui reprocher, à cette enfant, excepté de n'avoir pas un radis ? — Si elle manque radicalement de monnaie, en échange elle a de la vertu... elle en a même à revendre, puisqu'elle m'a résisté ! — Elle a refusé la maison de campagne très bien meublée que je lui offrais... elle m'a flanqué à la porte... — C'est ça qui est beau !...

— Elle se moque de toi !.. Elle te traite comme un imbécile... Elle compte abuser de ta faiblesse... de ta crédulité...

— Merci du compliment, papa !... — Je crois à la vertu de Claire parce qu'elle m'est démontrée...
— Claire est tout simplement un ange ! — Tu vas être bien gentil, prendre ta canne et ton chapeau, et t'en aller rue des Lions-Saint-Paul, numéro 27, lui demander sa main pour bibi.

Placide, pour toute réponse, eut un ricanement sinistre.

— Si tu refuses, — reprit Léopold, — si tu t'entêtes, sais-tu ce qui arrivera ? J'attendrai que j'aie l'âge de forcer ton consentement et je t'expédierai deux notaires avec un joli papier timbré, et en attendant, pour tuer le temps, je ferai de telles cascades qu'on ne parlera plus que de moi dans Paris.

Joubert ne put contenir un geste de rage.

— Tu veux donc nous ruiner, malheureux ? — s'écria-t-il ensuite.

— C'est ça qui m'est égal, de nous ruiner! — répliqua Léopold.

— Je t'en empêcherai...

— Comment?

— En te faisant nommer un conseil judiciaire...

— Je t'en défie. — D'ailleurs, ce serait bien inutile. — J'antidaterais les billets, tout simplement, et tes collègues les usuriers me prêteraient tout de même... — il n'y a qu'un seul moyen de me rendre raisonnable et sage comme une image... C'est de me faire épouser Claire Gervais...

Au lieu de s'abandonner à un nouvel accès de fureur, Joubert devint froid tout à coup, et répliqua en regardant fixement son fils :

— Je ne pourrais pourtant pas te laisser épouser cette fille si elle était indigne de toi...

Léopold se leva d'un bond.

— Indigne de moi!... — balbutia-t-il — Que veux-tu dire?...

— Ce que je dis, et pas autre chose...

— De quoi accuses-tu Claire Gervais ?

— Je ne l'accuse de rien, ne la connaissant pas; mais, si déraillé que tu sois en ce moment, tu comprendras sans peine que je ne puis aller demander pour toi la main de mam'selle Gervais, sans m'être auparavant renseigné sur son compte... Je désire savoir — (c'est bien le moins, je crois!) — si elle mérite le grand honneur que tu veux lui faire...

Léopold se gratta l'oreille.

— Au fond, c'est juste... — murmura-t-il au bout d'une minute — Claire n'a rien à craindre... absolument rien... au contraire...

D'une voix ultra-fausse, il fredonna :

Plus blanche que la blanche hermine.

Puis, il reprit :

— Et si les renseignements sont de toute première catégorie, tu céderas à mes prières, hein, papa?

— A tes prières, non, mais à tes menaces... — Si le mariage exigé par toi cause un jour ton malheur, je veux pouvoir m'en laver les mains.

— Lave-toi les mains, papa... Ça m'est égal, pourvu que j'épouse... — Alors tu vas te renseigner?

— Oui.

— Quand?

— Sans le moindre retard... — Je commencerai

mon enquête dès aujourd'hui, mais je ne veux point agir à la légère... — il me faudra du temps pour me prouver à moi-même que, si tu fais une sottise, du moins tu ne fais pas une bassesse.

— Combien de temps?... — Huit jours, c'est-il assez?...

— Je le crois...

— Eh bien, huit jours, soit! — dit Léopold en se levant. — Dans huit jours je reviendrai...

— Ne te reverrai-je pas d'ici-là ?

— Non. — Je veux éviter avec toi toute discussion... et, grincheux comme te voilà, le meilleur moyen c'est de rester chacun chez nous... — Adieu, papa... — D'aujourd'hui en huit je frapperai à ta porte...

Puis Léopold, sans embrasser son père, sortit du cabinet en tirant une énorme bouffée de fumée du cigare qu'il venait d'allumer.

Quand la porte se fut refermée derrière lui, Placide Joubert dit presque à haute voix, avec une intonation profondément désolée :

— Voilà donc les enfants!!! — Et il croit que je céderai! — l'imbécile !

Ensuite il alla vivement ouvrir son appartement particulier, dans lequel il avait fait entrer Lucienne Bernier.

— Est-il assez réussi, cher monsieur, *notre* Léopold ? — demanda-t-elle en riant et en appuyant sur le mot *notre*. — Parole d'honneur, c'est à le monter en épingle comme une perle rare !

— Vous avez entendu ?

— Je vous prie de le croire ! — Le dialogue était d'un haut intérêt — Je n'en ai pas perdu une syllabe...

— Il y a péril en la demeure, vous le voyez !...

— Il faut que, d'ici à huit jours, je sois à même de prouver à mon fils qu'une fille comme Claire Gervais ne peut pas s'épouser...

— Ce qui est dit est dit !... Vous le lui prouverez avant huit jours !...

Et Lucienne prit congé de Placide Joubert, qui voulut la reconduire jusqu'à l'escalier.

***

Bonichon, en revenant de son excursion à la Varenne et à Champignolles, trouva chez lui une lettre adressée à *M. Blondel, inspecteur de l'Assistance publique.*

Cette lettre était de la blanchisseuse, madame Ligier, qui le priait de venir la voir et lui promettait des détails concernant Marie-Jeanne.

Dès le lendemain matin, sans être allé rendre

compte à son patron de ce qu'il avait fait la veille, Bonichon partit pour Bonneuil.

— Eh bien! ma chère dame — dit-il à la blanchisseuse — me voici.. — Qu'avez-vous de neuf à m'apprendre?

— Marie-Jeanne a été vue, avant-hier soir, chez Bordier... — commença madame Ligier.

— Où elle a dîné avec quatre jeunes gens, dont l'un était son amant... — interrompit l'agent de Jacquier.

— Comment! vous savez cela, monsieur?

— Cela et bien d'autres choses... — Ainsi, vous avez reçu hier la visite d'un monsieur venu en voiture... un monsieur mal bâti et laid comme un singe... — Que voulait-il?

— Il venait, comme vous, s'inquiéter de Marie-Jeanne...

— A quel propos?...

— A propos d'un gros héritage que, soi-disant, la petite devait faire... Il m'a demandé les tenants et les aboutissants; — il se présentait d'ailleurs sous les auspices de M. le directeur de l'Assistance publique...

— Que lui avez-vous répondu?...

— La vérité: — Je ne pouvais pas répondre autre chose, puisque Marie-Jeanne n'était plus là...

— Et alors?...

— Alors, il m'a questionnée de plus belle, et il a voulu voir la médaille que Marie-Jeanne, étant petite, portait à son cou, et que je lui avais retirée de crainte qu'elle ne se perde. Je la lui ai montrée et, après l'avoir examinée, il a dit qu'il y avait confusion, et que pour sûr Marie-Jeanne n'était pas l'enfant qu'il cherchait...

— Mensonge ! — pensa Bonichon — S'il avait cru à une erreur de personne, il ne serait point allé chez Bordier prendre des renseignements en sortant d'ici. — je vois clair dans son jeu... — Il ne préviendra pas l'Assistance publique... il aurait bien trop peur de la voir se mêler de ses affaires ! — Allons, tout va bien!... J'arriverai premier et Joubert sera battu!... oh! mais, battu à plates coutures.

Tout en monologuant à voix basse, le faux inspecteur allait et venait à travers la chambre en gesticulant.

Madame Ligier le regardait avec une curiosité inquiète.

Brusquement, il s'arrêta devant elle et lui dit :

— Vous n'avez point confié la médaille au monsieur qui est venu hier, je suppose?...

— Oh! non, monsieur.

— Montrez-la-moi, je vous prie...

VII

Madame Ligier alla prendre le coffret que nous lui avons déjà vu ouvrir la veille.

Elle en tira la médaille et la tendit au faux inspecteur de l'Assistance publique, qui l'examina longuement.

C'était une petite médaille ovale, en cuivre jadis argenté.

D'un côté se détachait en relief l'image de la Sainte-Vierge, portant dans ses bras l'enfant Jésus, et le front couronné d'étoiles.

Sur l'autre face, ces mots :

« *Priez pour nous qui avons recours à vous.* »

— C'est bien... — dit Bonichon, son examen achevé. — Conservez cette médaille avec le plus grand soin. — Si j'en avais besoin, je viendrais vous la demander.

Il l'aurait bien emportée tout de suite, mais

ç'eût été maladroit et dangereux ; or, Bonichon faisait profession de prudence.

Rien ne le retenant plus à Bonneuil, il regagna Paris et alla rendre compte à Jacquier de ce qu'il avait découvert depuis la veille.

L'homme d'affaires enchanté le félicita du résultat de ses démarches et, convaincu que *Marie-Jeanne* était parfaitement la fille de mademoiselle de Rhodé, l'engagea à savoir le plus tôt possible si elle demeurait au quai Bourbon, chez son séducteur, M. de Quercy.

Sans perdre une minute Bonichon se rendit à l'île Saint-Louis.

La maison portant le numéro 22 du quai Bourbon était un vieil hôtel du dix-septième siècle, habité jadis par une seule famille de robe ou d'épée, mais maintenant divisé en appartements.

Le vicomte de Quercy occupait le rez-de-chaussée dont les hautes fenêtres donnaient sur la Seine. — Possédant une agréable fortune et jouissant d'une indépendance absolue, il avait jusqu'alors partagé sa vie entre les faciles amours et le sport du canotage, dont il raffolait.

— Monsieur de Quercy est-il chez lui ? — demanda Bonichon au concierge qui répondit :

— Monsieur le vicomte est absent.

— Absent ! — répéta l'agent de Jacquier, avec un sourire d'incrédulité — il est revenu hier de Champignolles...

— J'ignore où il était hier, ne m'occupant jamais de ce qui ne me regarde pas... — répliqua le concierge, d'un ton fort digne. — Ce que je sais, c'est qu'il est parti ce matin, en me disant qu'il resterait absent deux ou trois jours...

— C'est bien fâcheux... — je venais pour une affaire pressante. — N'y a-t-il pas chez lui quelqu'un... une personne... une jeune dame... avec qui je pourrais m'entendre?...

— Il n'y a qui que ce soit...

— Mais vous est-il possible, au moins, de me dire où est allé M. de Quercy ?

— Cela m'est impossible, car je ne le sais pas...

Le concierge obéissait-il à une consigne, ou réellement ne savait-il rien? — Dans l'un comme dans l'autre cas, toute insistance devait être inutile.

— Je reviendrai... — dit Bonichon très déconfit d'un retard qui pouvait tout compromettre, et, l'oreille basse, il regagna la rue Bleue.

.•.

Persuadé que son père allait prendre, comme il l'avait dit, des renseignements sur la moralité et sur les antécédents de Claire Gervais, et convaincu que ces renseignements seraient de nature à triompher de toute résistance, Léopold ne doutait plus du consentement paternel ; aussi, à peine rentré chez lui, il s'assit devant un petit bureau et, après avoir serré sa tête dans ses mains pendant un bon quart d'heure, il accoucha de la lettre suivante :

« Ange de ma vie, trésor de mes rêves.

» Ah ! combien je regrette que vous ayez manqué de jugeotte pour comprendre la nature des feux qui me consument, et que vous ayez pu les croire allumés par une simple fantaisie de cascadeur ! ! — Il n'en est rien !... — Je brûle, c'est vrai, mais d'une flamme épurée par le respect, et dont la morale la plus grincheuse n'a pas le droit de s'effaroucher, au contraire...

» C'est au mariage, au mariage seul et légitime, ange de ma vie, que tendent mes vœux !

» Aussi vrai que je ne suis point un pitre, vous serez madame Joubert, ce qui n'aura rien de désagréable pour vous, étant donné que mon cœur est rempli d'amour et mon portefeuille bourré de billets bleus... — Votre existence ne sera point du tout piquée des hannetons... — Vous verrez ça, trésor de mes rêves !...

» La présente vous sera confirmée par papa lui-même qui, d'ici à très peu de jours, aura l'avantage de se présenter chez vous avec des gants gris-perle, pour vous prier d'accepter mon nom.

» Ange de ma vie, il faudrait que vous ayez une âme de tigresse pour me désespérer ! — Votre refus me donnerait le coup de la mort.

» En attendant que j'aie le plaisir de vous conduire à le mairie et à l'église, pardonnez-moi, Claire, l'inconséquence dont je me reconnais coupable au sujet du chalet entre cour et jardin de Fontenay-sous-Bois !... J'ai eu tort ; mais il était si bien meublé, le chalet... — Je le mettrai dans votre corbeille de mariage...

» Avec l'espoir que, prochainement, vous m'appellerez *Léo* ou *Popold* — (c'est ça qui sera gentil, hein ?...) — je signe, oh ! mon idole, votre futur petit mari.

» Léopold Joubert. »

Le gommeux relut cette épître, la trouva d'un joli style, écrivit l'adresse et sortit pour la mettre à la poste.

Claire Gervais, le soir, en rentrant à son logis de la rue des Lions-Saint-Paul, trouva la lettre chez sa concierge, et l'écriture inconnue l'intrigua fort.

Aussitôt dans sa mansarde elle déchira l'enveloppe, déplia la feuille et courut à la signature.

— Encore lui!... — murmura-t-elle en haussant les épaules. — Ne se décidera-t-il point à me laisser en repos?...

Et, sans faire aux phrases brûlantes de Léopold l'honneur de les parcourir du regard, elle froissa le papier entre ses doigts, l'approcha de la flamme de la bougie et le réduisit en cendres.

Claire regarda la dernière étincelle courir sur la feuille noircie.

Puis un sentiment bien féminin s'éveilla dans son âme, où la pitié remplaça sans transition le dédain écrasant.

— Pauvre garçon — murmura-t-elle — son entêtement prouve peut-être son amour... — Si véritablement il m'aime je le plains, car, moi, je ne l'aime pas, je ne veux pas l'aimer!...

Ensuite, fatiguée d'une journée de travail, elle se déshabilla et se mit au lit, en pensant au jeune homme deux fois rencontré, rue de Seine et boulevard Beaumarchais, à Adrien Couvreur.

— Je suis folle... — se dit-elle presque à voix haute — qui sait si je le reverrai jamais?...

Elle le revit du moins, toute la nuit, dans ses rêves.

∗.∗

Le surlendemain Paris était sillonné par bon nombre de gens d'une tenue plus que modeste, portant sur l'avant-bras gauche un paquet de feuilles imprimées encore humides, agitant de la main droite une de ces feuilles, et criant à tue-tête avec les intonations les plus discordantes :

— Demandez le tirage de la grrrande loterie Tunisienne !... Achetez la liste officielle des numéros gagnants ! — Dix centimes... deux sous !

Rue de Rennes un jeune homme déjà connu de nous, Jacques Lavaud, un des camarades d'Adrien Couvreur, arrêta au passage l'un des aboyeurs que nous venons de signaler, lui donna deux sous en échange d'une liste et, poursuivant son chemin dans la direction des quais, se mit à lire les numéros sortis au tirage partiel qui venait d'avoir lieu.

Tout à coup il poussa une exclamation joyeuse et, tournant sur lui-même, remonta en courant la rue de Rennes qu'il était en train de descendre, ne s'arrêta qu'en arrivant rue du Montparnasse, à la maison où se trouvaient les ateliers du peintre en décors, son patron, gravit quatre à quatre les marches de l'escalier et entra comme un boulet dans la pièce énorme où Adrien Couvreur, Charles Vivier et Claude Frémy brossaient une toile gigantesque étalée sur le plancher.

— Comment, te voilà revenu ! — lui dit Frémy.
— Tu te prétendais si mal en train ! ! — Ta *flemme* a donc passé en route ?

— Il ne s'agit pas de *flemme*... — répliqua Lavaud haletant. — Je viens vous chercher tous les trois...

— C'était bien inutile de revenir pour ça, mon vieux — fit Adrien Couvreur. — On ne lâchera point la besogne aujourd'hui... — Le patron est absent... C'est une raison pour rester à l'atelier... et nous y resterons... nous n'en bougerons pas...

— Même pour aller toucher de l'argent ? — s'écria Lavaud.

— Ce n'est point jour de paye...

— C'est jour de paye, au contraire, mes enfants... la paye de la loterie Tunisienne ! ! — reprit Jacques en brandissant la liste.

— Nous avons gagné un lot ?... — demandèrent, à la fois, les trois jeunes gens.

— Je vous crois, mes très bons, que nous avons gagné un lot... — Il est sorti, le numéro *deux millions cinq cent quarante-neuf mille six cent soixante-quinze* !... — Est-ce que ça n'est pas notre numéro ?

— Il me semble bien que si... — répondit Couvreur, en allant à son paletot accroché au mur de l'atelier.

Il prit dans la poche de côté son portefeuille, dont il tira le billet de loterie acheté en commun chez la marchande de tabac de la rue de Seine, le regarda et lut tout haut :

— *Deux millions cinq cent quarante-neuf mille six cent soixante-quinze !...* — C'est parfaitement le numéro de notre billet !... — fit-il ensuite.

VIII

Jacques Lavaud, Claude Frémy et Charles Vivier se mirent à esquisser incontinent un pas de la plus haute fantaisie et, tout en levant la jambe à la hauteur du nez de son vis-à-vis, Lavaud s'écria :

— Quelle chance, mes petits enfants !... quelle chance ! — Du reste, Adrien Couvreur est un porte-veine ! — J'étais bien sûr que nous gagnerions, puisqu'il avait pris le billet. Ça ne pouvait pas manquer !

— Enfin, de combien est-il, notre lot ? — demanda Vivier.

— De vingt-cinq mille francs...

— Mazette !... c'est gentrouillet ! — Ça nous fait, à chacun, six mille deux cents cinquante francs... Nous voilà capitalistes... Vive la Tunisie !

— En route, mes vieux camarades !... — reprit Jacques... — Allons toucher les bons jetons, et ce soir nous nous paierons du champagne de première marque, dans un restaurant chic, sur les grands boulevards!... — Lâchons l'atelier plus vite que ça!... — Il y a force majeure!... — On ne gagne pas un lot tous les jours !

Cette fois Adrien Couvreur ne fit plus d'objections. — Les quatres jeunes gens s'empressèrent d'échanger les vêtements de travail contre leurs costumes de ville, prirent, bras dessus, bras dessous, le chemin des Champs-Elysées et arrivèrent au palais de l'Industrie, au siège de l'administration.

Ce fut Adrien qui se présenta au guichet de la caisse, ayant derrière lui ses trois amis.

— Un lot à toucher, monsieur... — fit-il en présentant son billet au caissier, qui répondit en souriant :

— Vous êtes un peu trop pressé, monsieur... — C'est ce matin qu'a eu lieu le tirage... C'est demain seulement qu'on payera les billets gagnants... — Veuillez donc repasser demain... — Les bureaux et la caisse seront ouverts à dix heures...

On voit d'ici la mine déconfite des quatres jeunes gens.

La remise au lendemain tombait sur leur joie comme une douche d'eau froide.

— Inutile de retourner à l'atelier... nous n'y

ferions certainement rien qui vaille... — dit Adrien
— Je reste dans le quartier, où j'ai quelqu'un à voir... — Rendez-vous ici demain matin, à dix heures précises.

— Convenu... — Nous serons exacts...

Et les peintres se séparèrent.

Adrien n'avait personne à voir, mais il voulait demeurer seul et n'être point distrait de ses pensées par des paroles auxquelles il faudrait répondre.

Il se mit à marcher lentement, réfléchissant.

— Six mille deux cent cinquante francs, — se disait-il. — En y joignant mes économies, je vais me trouver à la tête d'une dixaine de mille francs. Dix mille francs ! Avec cela je pourrais acheter une gentille maisonnette et un petit jardin aux environs de Paris, où la vie est moins chère... — De là, j'irais tous les jours à mon atelier, à Paris.
— Comme *Elle* serait heureuse... Comme nous serions heureux, l'un et l'autre, si *Elle* voulait de moi pour mari... Mais à quoi bon rêver ce bonheur ?... Pourquoi garder un espoir insensé qui ne se réalisera jamais ? — Je l'ai rencontrée... *Elle* n'a pas même voulu m'écouter... *Elle* m'a fui...
— La rencontrerai-je de nouveau ? et si je la rencontrais, à quoi cela me conduirait-il ?... *Elle* me fuirait encore...

Adrien Couvreur erra longtemps dans Paris, marchant droit devant lui, n'allant nulle part.

Le soir arriva sans qu'il en eût conscience.

La fatigue brisait ses membres. — Il dîna rapidement dans un bouillon-Duval qui se trouva sur son chemin, et il rentra chez lui sombre et désespéré.

A dix heures du matin, le lendemain, il arrivait au rendez-vous donné par ses amis et où l'avaient précédé ceux-ci, très impatients de toucher leur part de fortune et d'aller ensuite faire une partie de campagne, malgré la saison rigoureuse, car la campagne est l'idéal de tous les gens que, d'un bout de l'année à l'autre, leurs occupations clouent à Paris.

Les quatres jeunes peintres entrèrent au siège de l'administration, et cette fois on paya sans la moindre difficulté, en billets de banque et en or, les vingt-cinq mille francs gagnés par le billet dont Adrien était porteur.

Le partage de la somme eut lieu dans un café voisin. — Lavaud, Frémy et Vivier décidèrent qu'on irait déjeuner au village de La Pie, chez un restaurateur bien connu des promeneurs du dimanche ; — Adrien, que ses idées mélancoliques obsédaient plus que jamais, aurait bien voulu ne point accompagner ses camarades mais il n'osa pas, et il monta en leur compagnie dans un fiacre qui les conduisit au chemin de fer de Vincennes.

A l'heure où ils se mettaient en route madame Thouret, la modiste de la rue Caumartin, recevait une dépêche ainsi conçue :

« *Prière m'envoyer de suite deux chapeaux mode, selon mes goûts que connaissez, à ma villa des Trembles, Créteil. Urgent.*

» Juana. »

Madame Thouret appela Claire aussitôt et lui dit :
— Mon enfant, il va falloir sortir.
— Bien, madame.
— Apportez un carton pour deux chapeaux et placez-y ceux-ci.

En même temps, la modiste tirait de l'une des vitrines deux coiffures d'une élégance un peu voyante et tapageuse et, tandis que Claire les assujettissait solidement dans le carton, elle écrivait sur une facture, avec le prix des objets à livrer, l'adresse détaillée de la cliente.

— Connaissez-vous les environs de Paris, mon enfant ?... — demanda-t-elle ensuite à Claire.
— Peu, madame...

— Vous devez savoir, cependant, où se trouve Créteil.

— Cela, oui, mais par hasard... — J'y suis allée une fois avec maman Gervais, et nous avons dîné sous une tonnelle de verdure, au bord de l'eau...

— Voilà qui va bien puisque c'est justement là que je vous envoie... — Une fois que vous aurez passé le pont de Créteil, vous demanderez la *villa des Trembles*, située dans les îles Saint-Catherine et appartenant à la personne à qui sont destinés ces chapeaux... — Tous ces détails sont d'ailleurs consignés sur la facture...

— Oh ! je trouverai, madame...

— La personne se nomme madame Juana... — Le montant de la facture est de quinze louis...

— Faudra-il toucher, madame ?

— Si on vous offre de payer, oui... — Et alors vous donnerez un acquit à mon nom... — Si on ne parle de rien, vous ne demanderez rien... — La cliente est sûre...

Claire se couvrit chaudement, car la journée quoique très belle était froide, prit le carton, monta dans une voiture qui devait la conduire à la gare de la place de la Bastille et partit.

Nous la retrouverons bientôt à la *villa des Trembles*, mais en attendant nous prions nos lecteurs de retourner quelques heures en arrière et de nous accompagner chez Lucienne Bernier.

Lucienne avait l'habitude de se lever tard, mais elle se réveillait de bonne heure et lisait dans son lit les faits-divers, les échos, les feuilletons, les tribunaux, les articles *théâtres*, et les articles *modes*, de deux ou trois journaux.

Sa femme de chambre, ce matin-là, lui remit en même temps que les journaux une lettre écrite sur du papier vélin parfumé à outrance.

Lucienne ouvrit cette lettre et lut :

« Chère Lulu,

» Je m'ennuie à mourir, dans la jolie *villa des Trembles* que m'a donnée mon affreux jaloux, et où il me tient en chartre privée.

» Le jaloux en question vient de partir, et son absence doit durer trois jours, m'a-t-il dit ; mais je me méfie, le sachant parfaitement capable de me tomber sur le dos d'un moment à l'autre, et je n'ose filer à Paris...

» Sois gentille comme un cœur, prouve-moi que tu es une bonne et fidèle amie... — Mets-toi en route aussitôt que tu auras reçu ma lettre, et viens passer la journée avec moi...

» Si tu as ton Léopold sous la main, amène-le.
— Il est si bébête, qu'il en est drôle.

Viens, gentille dame,
Viens, je t'attends.

Comme on chante dans la *Dame blanche*.
» Ta petite amie qui t'aime bien...

« JUANA. »

— Tiens, au fait, ça me va! — fit tout haut Lucienne en sautant en bas de son lit — Je ne savais comment tuer le temps aujourd'hui! — Quoique la campagne soit peu drôle en hiver, ça me distraira tout de même!...

Elle sonna sa femme de chambre et lui dit :

— Marguerite, prenez un coupé à la prochaine remise, montez-y, courez chez M. Léopold... Forcez la consigne, si son valet de chambre en avait une... Eveillez monsieur, s'il dort, et prévenez-le que j'irai le prendre dans une heure... — Je le mène à la campagne... — Surtout, qu'il soit prêt!...

— Allons, leste et preste !... Filez !

Lucienne tordit sur sa tête ses beaux cheveux noirs, s'habilla toute seule et fit une toilette très simple, qui lui seyait d'ailleurs à merveille.

Elle était vêtue de pied en cap et nouait les

brides de son chapeau quand reparut sa femme de chambre :

— Eh bien?... — demanda-t-elle.

— Eh bien ! madame, j'ai vu M. Léopold... — Il dormait... — Je l'ai éveillé... — Il a bâillé beaucoup... Et enfin il a dit qu'il serait prêt... — La voiture est en bas...

— Je pars...

IX

Lucienne trouva Léopold tout prêt et de belle humeur.

Le gommeux était fier d'avoir, la veille, posé des conditions à son père, de l'avoir forcé à les accepter, et enfin d'avoir écrit à Claire Gervais la lettre que nous connaissons, lettre lui annonçant la visite paternelle et qu'il considérait comme un chef-d'œuvre.

La jeune femme comptait revenir le soir en chemin de fer, mais elle avait décidé d'aller en en voiture.

Au bout d'une heure et demie environ, le coupé de louage s'arrêta près d'un pont conduisant à ce qu'on appelle les îles Sainte-Catherine. — Lucienne et Léopold mirent pied à terre. — Le cocher fut payé et renvoyé.

Les îles Sainte-Catherine consistent en une bande

de terre de deux cents mètres de largeur sur deux kilomètres de longueur, coupée en deux dans le sens de la largeur par un petit cours d'eau.

La partie Ouest est à près déserte. On n'y voit qu'une baraque en planches, occupée pendant la belle saison par un marchand de petit bleu, de matelotes et de fritures.

La partie Est, au contraire, couverte de maisons de campagne, offre un site charmant au printemps, en été et en automne, mais d'une déplorable tristesse aussitôt que les beaux jours sont passés et que les arbres n'ont plus de feuilles.

Il fallait à mademoiselle Juana, — presque seule habitante de l'île en ce moment, — une forte dose de courage pour passer l'hiver en un si mortel isolement. — Elle puisait ce courage dans la quasi certitude d'hériter d'une fortune sérieuse à la mort de son protecteur, vieux garçon jaloux, maniaque et millionnaire...

La villa des Trembles était une petite habitation très coquette, occupant le milieu d'un jardin assez grand pour mériter le nom de parc.

Les *trembles*, qui des deux côtés ombrageaient les rives de la Marne, avaient donné leur nom à la propriété.

A droite du parc, s'étendaient des terrains à

vendre et, à leur suite, une maisonnette de mince valeur, également à vendre, ainsi que l'annonçait un grand écriteau.

Léopold et Lucienne ne venaient point pour la première fois aux Îles Sainte-Catherine ; aussi arrivèrent-ils tout droit à la grille du jardin de Juana.

Celle-ci les attendait, les reçut à bras ouverts, et les deux amies s'étreignirent avec effusion.

— Vous devez mourir de froid et de faim ! — s'écria Juana — Heureusement un grand feu flambe dans la cheminée de la salle à manger, et d'ici à trois minutes le déjeuner sera servi.

— Bravo !... — fit Léopold... — Nous allons lui dire deux mots, à votre déjeuner, et les vieux vins de votre cave n'ont qu'à bien se tenir !

Un instant après, on était à table.

— Que vous êtes donc gentils d'être venus !... — dit la maîtresse de la maison... — Vous me donnez toute votre journée... Vous dînerez avec moi... Vous pourrez même coucher ici... J'ai des chambres à votre disposition.

— Ce serait charmant, oh ! tout à fait charmant, parole !... — répliqua Léopold... — Mais, par malheur, ça ne se peut...

— Pourquoi donc ?... — demandèrent à la fois Lucienne et Janua.

— Parce qu'il faut que je sois à Paris à six heures et demie... — J'ai un rendez-vous d'affaires... — Il y a de l'argent à toucher. — Ça ne se manque point, ces rendez-vous là, c'est sacré !

— Sacré tant que vous voudrez, mais bien contrariant ! — reprit Juana. — Je comptais sur vous.. — J'ai écrit à Victor Chatriot... vous savez bien, Chatriot, le grand marchand de comestibles de la rue Saint-Lazare... il m'a expédié ce matin tous les éléments de mon dîner... Une truite saumonnée... un cuissot de sanglier mariné et piqué, pour la broche... un pâté de foie gras inénarrable... des truffes grosses comme des biscaïens... des écrevisses qui ressemblent à de petits homards... et des fruits... des merveilles !... — Qu'est-ce que je vais faire de tout ça, si vous n'en prenez point votre part ?...

— Il y a moyen d'arranger les choses — dit Léopold en riant — et je formule une proposition...

— Laquelle ?

— Partons d'ici à cinq heures, tous les trois... — Nous serons à six heures à Paris... Il me faut dix minutes pour aller à mon rendez-vous et pour encaisser... — Nous dînerons au cabaret... Nous passerons la soirée aux Variétés... Nous reviendrons ensuite coucher ici, et nous mangerons demain matin à déjeuner les victuailles, dont l'énumération, tout à l'heure, me faisait venir l'eau à la bouche ! — Ça sera très chic ! — Est-ce entendu ?

— C'est d'autant plus entendu — répondit Juana — que, par un heureux hasard, j'ai télégraphié ce matin à ma modiste de m'envoyer aujourd'hui deux chapeaux élégants, et je ne serai point du tout fâchée d'en étrenner un ce soir...

Les mots de *chapeaux* et de *modiste* avaient fait froncer les sourcils de Lucienne.

— Chez qui te fournis-tu, maintenant ? — demanda-t-elle.

— Toujours chez Alexandrine Thouret... comme toi, d'ailleurs. — Tu devrais le savoir, puisque c'est toi qui me l'a recommandée...

Lucienne tressaillit.

— Et elle va t'envoyer des chapeaux aujourd'hui ? — reprit-elle.

— Oui. — Elle a certainement reçu ma dépêche et, comme je suis une bonne cliente, elle m'expédiera d'ici à deux heures, par son trottin, ce que je lui ai demandé.

Les sourcils toujours froncés, Lucienne ne questionna plus ; elle réfléchit.

Le *trottin* d'Alexandrine Thouret, c'était Claire...

Si Claire venait à la *Villa des Tremblés*, Lucienne

risquerait fort d'être vue par elle, ce qu'à tout prix il fallait empêcher dans l'intérêt de la combinaison odieuse résultant de son entente avec Placide Joubert. — Comment s'y prendre pour éviter d'être vue ?...

Sans doute Lucienne trouva le moyen cherché, car sa figure se rasséréna et la gaieté la plus bruyante succéda brusquement à sa préoccupation passagère.

A chaque instant elle remplissait le verre de Léopold, et celui-ci mettait un absurde amour-propre à ne le laisser jamais ni vide ni plein...

On eût dit qu'elle voulait griser le gommeux, chose assez facile d'ailleurs car il avait la tête faible, et nous savons qu'il s'était déjà grisé la veille, ce qui la rendait moins solide encore.

Longtemps avant qu'on fût au dessert, il tenait des propos incohérents, ses yeux clignotaient et sa langue devenait pâteuse.

Le vin de Champagne décupla bientôt cette ivresse naissante, et les liqueurs servies en même temps que le café achevèrent complètement le jeune homme, qui déraisonnait à miracle et dont les yeux se rapetissaient de seconde en seconde.

Juana ne s'était point ménagée.

Sans être positivement grise, elle était en pleine

possession de ce que nous avons entendu Léopold appeler *un petit plumet coquet*.

Lucienne seule n'avait rien perdu de son calme.

— Qu'est-ce qu'on fait, maintenant ? — demanda-t-elle en se levant de table.

— Tout ce qu'on voudra... — répondit la maîtresse de la maison.

— Que penserais-tu d'une promenade en canot pour aider à la digestion ?...

— Excellente idée... Nous irons jusqu'à Chennevières...

Les yeux de Lucienne se tournaient avec inquiétude vers la pendule.

Il allait être une heure après midi.

Claire Gervais pouvait arriver d'un moment à l'autre.

— Allons, Léopold, — dit-elle — au canot !... Vite au canot !...

— C'est ça qui ne serait point à faire ! — bégaya le gommeux d'une voix pâteuse. — Les avirons !.. Oh ! la ! la !... Il n'en faut pas !... — Je tombe de sommeil... Je vais me payer un petit somme... Parole d'honneur c'est étonnant comme j'ai mal aux cheveux !...

Il quitta son siège, et titubant, trébuchant, se

soutenant à peine, il se dirigea vers le salon où il comptait se vautrer sur un divan.

— Tu es bien élevé, mon cher ! je t'en fais mes compliments !... — s'écria Lucienne. — C'est moi qui suis vexée de t'avoir conduit ici !...

— Bast! laissons-le dormir ! — dit Juana en riant — et allons nous promener... J'ai besoin de respirer le grand air... — On étouffe dans cette pièce... — Je crois que j'ai mon plumet comme Léopold... — Si le trottin de la modiste vient pendant que nous serons dehors, ma femme de chambre recevra les chapeaux qu'elle apporte et lui donnera cinq francs pour elle... —Je vais la prévenir.

La femme de chambre fut prévenue et les deux amies sortirent de la villa.

Quoique la température fût très basse, le soleil brillait dans un ciel sans nuage et la journée était magnifique.

Une yole, un canot et un petit voilier composaient une flottille mignonne, amarrée à l'embarcadère de la *Villa des Trembles*.

Juana et Lucienne avaient passé des varouses rouges par-dessus leurs corsages, coiffé des bérets de canotiers, mis des gants fourrés et, munies chacune d'une paire d'avirons, elles embarquèrent dans le canot.

Toutes deux savaient manier les rames.

Elles remontèrent rapidement le bras de la Marne qui aboutissait au-dessus du barrage de Créteil.

Nous les quitterons un instant, et nous prierons nos lecteurs de vouloir bien nous accompagner au village de la Pie, chez le restaurateur où les quatre gagnants d'un lot de la *Loterie tunisienne* s'étaient promis de déjeuner.

X

Le déjeuner des quatre jeunes gens avait été gai malgré la mélancolie d'Adrien Couvreur, qui la cachait du reste de son mieux afin de ne pas attrister ses camarades.

En sortant de table les peintres en décor étaient montés dans deux lourdes barques et s'apprêtaient à faire un tour de Marne, lorsque le canot de Juana et de Lucienne, lancé à toute vitesse, passa près d'eux.

Les vareuses rouges et les bérets ne permettaient point de s'illusionner sur la position sociale des deux canotières.

Il y eut échange de quolibets, et dans cette lutte de plaisanteries pimentées — un peu trop pimentées même — Lucienne et Juana, animées par le vin de Champagne, tinrent haut et ferme le drapeau du naturalisme, sans ralentir l'allure de leur légère embarcation.

Les deux barques appartenant au restaurateur quittèrent le rivage.

Où allait-on ? — Ceci importait peu. — On était en bateau, voilà le point capital.

Aucun danger, d'ailleurs, sur les eaux calmes comme en plein été.

Les rameurs, — faute d'habitude — faisaient preuve de la plus insigne maladresse.

Ne sachant pas mettre d'accord les mouvements des avirons, ils avançaient lentement, en zigzags, au lieu de filer droit, ce qui les amusait beaucoup et déridait Adrien Couvreur lui-même.

Malgré l'extrême lenteur de la marche, on atteignit cependant la pointe de l'île Sainte-Catherine dont la berge était assez haute, mais non impossible à gravir cependant, grâce aux branches des arbustes et aux racines des trembles et des saules.

Au haut du talus se voyait un écriteau portant ces mots :

TERRAIN A VENDRE

PETITE PROPRIÉTÉ

à vendre ou à louer

Adrien Couvreur lut cet écriteau.

— Abordons là... — dit-il à Frémy, son compagnon de barque.

— Tu veux visiter les terrains? — demanda Frémy en riant.

— Je veux voir... — Vous me reprendrez en passant.

— A ton aise, mon vieux!

La barque accosta.

Couvreur monta sur la berge, tandis que ses camarades s'éloignaient.

Quelle raison le poussait à pénétrer dans l'île?

Voulait-il, en effet, examiner les terrains? Visiter la propriété?

Non.

Il éprouvait l'impérieux besoin de s'isoler un peu, d'échapper pendant quelques instants aux manifestations bruyantes de la joie de ses amis, joie qu'il comprenait sans la partager.

Son corps était avec eux, mais non son esprit. — Sa pensée allait ailleurs, elle s'envolait vers la jeune fille qu'il adorait, et dont il ne connaîtrait peut-être jamais le nom ni la demeure.

Voilà pourquoi il avait voulu gravir la berge des îles Saintes-Catherine et se promener, rêveur, dans les terrains déserts.

*
* *

Deux heures sonnaient au moment où Claire Gervais descendait du chemin de fer à la gare de Saint-Maur.

Un omnibus de correspondance attendait à la porte de la gare les voyageurs pour Créteil.

— Pouvez-vous, monsieur, me renseigner sur les îles Sainte-Catherine? — demanda Claire au conducteur, qui répondit :

— Je passe devant, mam'zelle... — Montez dans la voiture... — Dans quelle partie des îles allez-vous?

— A la villa des Trembles.

— Chez m'ame Juana?

— Oui.

— Je vous arrêterai quand il faudra et je vous indiquerai le chemin le plus court.

Claire monta dans l'omnibus qui se mit en marche aussitôt et fit halte au bout d'un quart d'heure à peu près ; — le conducteur, tirant le cordon qui de son siège ouvrait la portière, cria :

— La voyageuse pour la villa des Trembles...

La jeune fille descendit et, munie d'indications détaillées, se dirigea du côté de la Marne.

Elle marchait vite.

En douze minutes elle eut franchi la distance qui la séparait du pont de bois, mettant le chemin de halage en communication avec l'île.

Elle traversa le pont, tourna à gauche et s'arrêta devant la grille du petit parc de la villa des Trembles.

Quoique cette grille fût ouverte, Claire sonna, attendant que quelqu'un se montrât sur le perron de la villa.

Son attente fut vaine.

La cuisinière se trouvait dans le sous-sol et n'entendait pas. Quant à la femme de chambre, aussitôt sa maîtresse sortie, elle avait pris sa course vers une maison du voisinage où l'attirait un jardinier beau garçon.

Cette maison donnant sur le chemin de halage, elle s'était dit :

— Je verrai passer la modiste et je la rejoindrai.

Mais au moment où Claire passait, la femme de chambre, très absorbée par un simulacre de défense contre les galantes entreprises du beau jardinier, n'avait point regardé.

Personne ne lui répondant, la jeune fille traversa le jardin et se dirigea vers la porte de la villa.

Cette porte était ouverte comme la grille.

Claire franchit le seuil du vestibule et demanda, en ayant soin de parler très haut :

— Y a-t-il quelqu'un ?...

— Point de réponse.

Elle renouvela deux fois son appel sans plus de succès.

— Il est impossible cependant que la maison soit déserte, puisque rien n'est fermé... — se dit-elle.

A sa droite se trouvait une porte.

Claire fit tourner le bouton de la serrure, ouvrit, et entra dans le salon où elle aperçut un homme endormi sur un divan, le visage tourné contre la muraille.

— Monsieur... — dit-elle.

Le dormeur ne bougea pas.

— Monsieur... Eh! monsieur... — répéta-t-elle en élevant la voix.

Le dormeur s'agita, étendit les bras, bâilla de façon bruyante, ouvrit les yeux et se retourna.

La jeune fille en le reconnaissant poussa une exclamation de surprise mêlée d'effroi et fit un mouvement de recul.

Léopold, de son côté, venait de reconnaître l'orpheline.

Il se leva, comme mu par un ressort.

— Vous, vous ici!... — balbutia-t-il en marchant vers la nouvelle venue d'un pas incertain que l'ivresse alourdissait. — Vous!... Est-ce possible?... Est-ce bien vous?...

— Oui, monsieur, c'est moi!... — répliqua Claire d'une voix un peu tremblante... — J'ai sonné à la grille, personne n'est venu... J'ai appelé... Ne recevant pas de réponse, j'ai ouvert cette porte... Je viens de la part de la modiste chez qui je suis employée, et je désire parler à madame Juana...

— Sortie, Juana... — bégaya Léopold. — Un tour en canot, Juana... Ne sais quand reviendra... Et quelle veine, puisque son absence va me permettre de dialoguer en tête-à-tête avec vous, ô mon idole...

— Je n'ai point à causer, monsieur... — J'apportais deux chapeaux... — Les voici... je me retire...

En disant ce qui précède la jeune fille battait en retraite du côté de la porte du salon.

D'un mouvement si brusque qu'il en faillit perdre l'équilibre, le gommeux se jeta devant elle.

— Il faut m'écouter... il faut me répondre — balbutia-t-il ensuite — il le faut absolument.

— Laissez-moi passer, monsieur...

— Non... pas avant que vous m'ayez répondu... Vous avez reçu ma lettre?...

— Je l'ai reçue et je l'ai brûlée...

— Mais, avant de la brûler, vous l'aviez lue?...

— Non ! — pourquoi l'aurais-je lue ? — Je ne tenais pas à savoir ce qu'elle contenait... — je désirais même l'ignorer.

— Claire, vous m'en voulez donc toujours?... Vous ne m'avez donc point pardonné?...

— Je vous ai dit que je vous pardonnerais si vous me laissiez vivre en paix... si vous cessiez de vous occuper de moi... — Vous voyez bien que vous ne faites ni l'un ni l'autre...

— Que répondrez-vous à papa quand il se présentera chez vous et quand il vous demandera pour moi votre main?... car il ira, papa... il ira très prochainement...

— Je lui témoignerai ma reconnaissance d'une démarche prouvant son estime ; mais j'ajouterai que cette démarche était inutile, et que je refuse....

— Vous direz cela à papa?... — Vous lui direz que vous refusez?... — fit le gommeux avec un geste de stupeur.

— Je ne puis lui dire autre chose, puisque je refuse en effet et que je refuserai toujours.

XI

— Mais alors, vous me détestez ?.. — s'écria Léopold, surexcité par le calme de la jeune fille autant que par l'ivresse bouillonnant dans son cerveau.

— Je ne vous aime pas, vous le savez bien... — répondit Claire.

— Et vous en aimez un autre ?...

— Quand cela serait ?...

— En aimez-vous un autre ?...

— Peut-être.

— Non !... non !... ne dites pas ça ! je ne veux pas que vous disiez ça !... — bégaya Léopold dont le visage prenait une expression inquiétante.

En même temps il marchait vers l'orpheline, qui brusquement se prit à trembler et qui recula de nouveau.

— Je vous défends de m'approcher !... — fit-elle.

Le gommeux ne sembla même point l'entendre.

— Ah ! vous aimez quelqu'un ! ! — reprit-il avec une ivresse furieuse — et vous venez me l'avouer, à moi ! ! à moi qui ai juré que malgré tout, et malgré vous-même, vous m'appartiendriez !...

— Jamais !... jamais !... — répéta Claire.

— Pour me dire ça en face, il faut que vous ayez la tête à l'envers ! ! — poursuivit le fils de Placide en avançant encore, les yeux luisant d'une flamme impure. — Vous n'avez donc rien compris ? — Vous ne savez donc pas à quel point je vous aime, à quel point je vous veux ?... — Idiot que je suis, je vous respectais !... — Et vous me jetez au visage qu vous ne m'appartiendrez jamais, et que vous serez à un autre, à celui que vous aimez !.... — Ah ! c'est un rude impair que vous avez fait là ! ! Vous respecter à présent, ça serait trop bête ! ! — Nous sommes seuls dans cette maison et je suis le plus fort !... — Vous ne voulez pas être ma femme... Eh bien, vous serez ma maîtresse !

Léopold, tout en parlant, essaya d'emprisonner Claire dans ses bras.

Elle se jeta de côté, et pour échapper à cette étreinte se mit à fuir, tournant autour du salon, se réfugiant derrière chaque meuble, qu'elle jetait entre elle et lui à mesure qu'il la poursuivait en balbutiant d'une voix que sa double ivresse rendait rauque et saccadée :

— Je t'aime... je t'aime... Claire, entends-tu ?... je t'aime...

Affolée, terrifiée, la tête perdue, les yeux voilés par une sorte de nuage, la poitrine oppressée, la respiration haletante, la jeune fille sentait approcher le moment où, l'émotion et l'épouvante la paralysant, elle s'abattrait inanimée sur le parquet.

Elle voulait appeler à l'aide, mais les appels — comme il arrive en plein cauchemar — ne pouvaient jaillir, et de sa gorge serrée ne s'échappaient que des cris indistincts.

Tout à coup l'un de ses pieds s'embarrassa dans les plis d'un tapis ; elle chancela, prête à tomber, et dut s'adosser à une table.

Léopold profita de ce temps d'arrêt pour la rejoindre.... — Il lui saisit les poignets et, les serrant à les briser avec une brutalité inconsciente, il l'attira vers lui en bégayant :

— Je te tiens donc, enfin ! Je te tiens ! Tu ne m'échapperas plus !...

Et, cherchant de nouveau à l'enlacer, il voulut appuyer sa lèvre sur ses joues.

L'horreur et le dégoût galvanisèrent alors l'orpheline et lui rendirent momentanément les forces que la terreur avait anéanties.

Elle rejeta violemment la tête en arrière pour se soustraire au contact flétrissant qui la menaçait, et, à deux reprises, elle cria :

— A moi ! à moi ! à mon secours !

— Personne ne viendra, personne... — fit Léopold avec un ricanement.

— A mon secours !... — répéta Claire — à mon secours, ou je suis perdue...

La porte du salon s'ouvrit brusquement, et dans le cadre de cette porte un homme parut.

*
* *

Adrien Couvreur, seul dans l'île et heureux de son isolement, marchait droit devant lui en pensant à Claire, comme toujours.

Au cours de sa promenade mélancolique et lente, il avait jeté un coup d'œil sur le minuscule pavillon qu'un écriteau signalait comme étant à vendre ou à louer.

— Combien je serais heureux là, — murmura-t-il — si je pouvais y vivre avec elle... C'est si petit... ça ne doit pas coûter cher, et le peu d'argent que je possède serait peut-être un prix suffisant... Mais à quoi bon penser à cela, puisqu'elle ne m'aime pas !...

Adrien se remit en marche, longeant le jardin de la *villa des Trembles* dont nous savons que la grille était ouverte.

Comme il allait arriver devant cette grille, il tressaillit et s'arrêta.

Il lui semblait que des cris vagues et comme étouffés venaient frapper son oreille.

Il écouta, et bien vite il acquit la certitude qu'il n'était point le jouet d'une erreur.

— C'est de là que viennent ces cris... — se dit-il en regardant la maison de Juana — et c'est une femme qui les pousse... — Que se passe-t-il donc ?...

Sans réfléchir, guidé par son instinct, il s'engagea dans le petit parc et se rapprocha de la villa.

Il n'était plus qu'à quelques mètres du perron quand un appel au secours se fit entendre, mais cette fois parfaitement distinct, et la voix qui lançait cet appel résonna jusqu'au fond de son cœur.

Adrien s'élança sur les marches et entra dans le vestibule.

Un second appel retentit.

Le jeune homme ouvrit une porte, — celle du salon, — et c'est lui — (nos lecteurs l'ont deviné déjà) — que nous venons de voir apparaître sur le seuil.

— Défendez-moi ! Sauvez-moi ! — cria Claire à ce protecteur inattendu que dans le premier moment elle ne reconnut pas.

Adrien Couvreur bondit jusqu'au groupe formé par Léopold et par l'orpheline.

Le gommeux lâcha les poignets de Claire et regarda le nouveau venu d'un air à la fois hébété et furibond.

La jeune fille en se débattant avait usé ses forces, et l'énergie factice qui résultait de la surexcitation nerveuse venait de l'abandonner... — N'étant plus soutenue, elle tomba sur ses deux genoux.

— Vous ! mademoiselle... c'était vous... — dit Adrien Couvreur en lui prenant les mains pour l'aider à se relever — Ainsi donc, quand j'ai cru reconnaître votre voix, je ne me trompais point ! ! Grâce à Dieu j'arrive à temps ! et vous n'avez plus rien à craindre...

Puis, marchand vers Léopold et levant la main sur lui avec un geste menaçant, il lui jeta ces mots au visage :

— Ah ! misérable !... misérable !...

— Ne touchez pas !... — glapit le gommeux. — Ne touchez pas, ou je vous frappe ! ! !

— Laissez cet homme, je vous en supplie, monsieur... — dit Claire en saisissant le bras d'Adrien... — Il ne mérite que du mépris... — Vous voyez bien qu'il est ivre... — Laissez-le et quittons de cette maison...

Adrien ne résista point au bras qui l'entraînait et suivit l'impulsion donnée par l'orpheline. Tous deux sortirent de la maison, puis du jardin, et arrivèrent sur la chaussée de halage.

Léopold, à qui l'ivresse et la colère, atteignant leur paroxysme, donnaient l'air d'un fou furieux, s'élança derrière eux en chancelant. — Il murmurait des phrases entrecoupées dans lesquelles on devinait des menaces et des injures.

— Allez en avant, mademoiselle, je vous en prie... — fit le peintre, énervé par cette poursuite. — Je vais vous rejoindre.

Claire obéit.

Couvreur, s'arrêtant, se retourna et se trouva face à face avec Léopold criant et gesticulant.

— Si vous ne vous taisez point — lui dit-il — et si vous faites un pas de plus, je vous préviens que je vais vous jeter à l'eau comme une bête malfaisante !

Au lieu de se taire et de s'arrêter Léopold, poussant des clameurs de plus en plus aiguës, se jeta sur son adversaire et voulut le prendre à bras-le-corps.

Repoussé violemment il trébucha, perdit l'équilibre, glissa sur la berge et roula jusque dans la Marne, où il disparut tandis qu'Adrien s'éloignait.

Le jeune peintre avait déjà rejoint Claire qui suivait d'un pas rapide le chemin par lequel elle était venue, et tout en marchant à côté d'elle il lui demandait :

— Comment vous trouviez-vous dans cette maison, loin de Paris, et en lutte avec ce misérable ? Que s'est-il donc passé, mademoiselle ?

— Cet homme est un infâme... — répondit la jeune fille d'une voix entrecoupée. — Depuis longtemps il me poursuit de ses déclarations humiliantes... — Le hasard, si ce n'est un piège, m'a conduit ici, et je me suis trouvée tout à coup seule avec lui... — Ah ! monsieur, comment pourrais-je vous remercier jamais assez d'être venu à mon secours ! ! — Sans vous j'étais perdue ! !

Un frisson passa sur l'épiderme de l'orpheline, des torrents de larmes s'échappèrent de ses yeux, et il lui fallut s'appuyer sur le bras de son compagnon car elle se sentait défaillir.

XII

— Le misérable ! le misérable !! — dit Adrien avec colère — J'aurais dû le tuer comme un chien !.. c'eût été justice ! ! Oui, c'est la providence qui m'a conduit ici pour vous sauver, ce n'est pas le hasard !... — Ma destinée était de vous venir en aide aujourd'hui, puisque juste moment où j'ai entendu votre appel... où j'ai cru reconnaître votre voix... je pensais à vous...

— A moi... — balbutia Claire rougissante, en faisant un effort pour retirer sa main que le jeune homme venait de prendre dans les siennes.

— Ne vous souvenez-vous plus de ce que je vous ai dit autrefois ?...

— Oh! monsieur... monsieur... pourquoi reparler de ces choses ?..

— Vous reconnaissiez vous-même, tout à l'heure, que je vous ai sauvée...

— C'est vrai...

— C'est un titre, cela... — ne refusez donc pas de m'entendre... laisser moi parler...

— A quoi bon ?

— A ce que vous n'ignoriez plus tout ce que j'ai souffert par vous depuis le jour où vous m'avez échappé quand j'espérais, en vous suivant, connaître enfin votre demeure... — Il faut que vous sachiez combien la vie me paraissait impossible sans vous ! combien je maudissais ma solitude et combien j'ai pleuré !...

— Pleuré ? — Vous, un homme ! — murmura la jeune fille en levant sur Adrien ses grands yeux humides où se lisait une profonde émotion.

— Oui, j'ai pleuré... je l'avoue sans honte... j'ai pleuré comme une femme ou comme un enfant... — Laissez-moi vous ouvrir mon âme... permettez-moi de vous dévoiler ma pensée toute entière... Ah ! ne craignez rien, mademoiselle .. pas un mot ne s'échappera de mes lèvres qui vous oblige à baisser les yeux... Oui, je vous aime... je vous aime follement, mais mon amour est celui d'un honnête homme qui veut faire de celle qu'il aime la compagne honorée de sa vie !... En vous j'ai mis toutes mes espérances, tout mon avenir... — Ainsi que vous, je suis un enfant du peuple... vous travaillez et je travaille... aucune barrière ne s'étend entre nous... aucun obstacle ne nous sépare... — Avez-vous une famille, mademoiselle ?

— Hélas ! non... je suis orpheline...

— Encore un point de contact, encore une ressemblance, car moi aussi je suis seul au monde... Eh bien, permettez-moi de vous aimer, de vous le dire, et d'espérer qu'un jour, quand vous me connaîtrez bien, quand vous saurez que je suis un garçon loyal, honnête et courageux, vous consentirez à m'aimer, vous consentirez à porter mon nom qui est très humble, mais sans tache... à devenir ma femme...

Claire écoutait, le cœur en émoi. — Elle écoutait en palpitant d'une indicible joie.

Elle aussi elle aimait — elle aimait sans espérance, ne croyant plus revoir celui qui seul occupait sa pensée — et voilà que, tout à coup, il se retrouvait sur son chemin pour lui sauver plus que la vie, pour lui sauver l'honneur !...

— Votre femme... — balbutia-t-elle. — Moi ?

— C'est mon plus beau rêve...

— Je suis si pauvre... je gagne si peu de chose...

— Eh ! que m'importe cela ? — Vous n'aurez plus besoin de travailler du tout !... Je travaillerai pour deux ; — j'ai dans les mains un bon état... un état qui fait de moi plus qu'un ouvrier, presque un artiste... —Je fais de la peinture de décors et je pourrais peindre des tableaux... — Est-ce que nous avons besoin d'être riches en nous mariant?.. On le devient par le travail, et je travaillerai courageusement... — Oh! ne me désespérez pas... ne me répondez pas que vous aimez quelqu'un...

— Je n'aime personne — interrompit vivement Claire.

Adrien poussa un soupir d'allégement.

— Et croyez-vous que vous pourrez m'aimer? — demanda-t-il.

— J'essayerai... — murmura la jeune fille avec un délicieux sourire, en lui tendant une main qu'il saisit et qu'il appuya contre ses lèvres.

— Ah! que je suis heureux! — s'écria-t-il ensuite, le visage étincelant de joie — je ne croyais pas qu'un si grand bonheur pût exister...

Puis, souriant à son tour, il ajouta :

— Et j'ignore le nom de l'ange à qui je dois ce bonheur?

— Je me nomme Claire... Claire Gervais...

— Claire... un nom adorable... — Moi, je m'appelle Adrien Couvreur...

— Adrien... quel nom charmant!

— Ainsi, Claire, vous me permettez d'espérer?...

— Je vous le permets, Adrien.

— Vous me permettez aussi de vous voir souvent?...

— Souvent, non... mais quelquefois...

— Chez vous ?

— Oh ! quant à cela, c'est impossible...

— Pourquoi ?

— Puisque vous voulez que je devienne votre femme, il faut qu'avant notre mariage personne ne puisse dire du mal de moi, ni même en penser...

— Mais cependant, pour nous voir ?

— Je sors de mon atelier à neuf heures du soir à peu près... vous viendrez m'attendre de temps en temps... Vous me reconduirez jusqu'à cent pas de chez moi, et nous causerons.

— Votre atelier ?...

— Rue Caumartin, numéro 60... Mais surtout qu'on ne s'aperçoive pas que je vous ai donné rendez-vous !... — Je ne possède au monde que ma réputation intacte... Pour vous aussi bien que pour moi, il ne faut pas qu'un soupçon l'effleure...

— Je vous obéirai en toutes choses, oh ! ma bien-aimée Claire...

— Alors commencez, mon ami, par me laisser partir... — Il faut que je rentre à Paris...

— Ne voulez-vous point que je vous accompagne pour veiller encore sur vous ?

— Non... — Ici je n'ai plus rien à craindre... J'aurai bien vite gagné la gare.... Adieu... ou plutôt au revoir...

— A bientôt, n'est-ce pas ?...

— A bientôt, si vous voulez... — répondit Claire en souriant. — Je ne m'en plaindrai pas...

— Demain ?...

— Non... — Demain, c'est samedi, et il est possible que je reste très tard au magasin... Mais Dimanche je serai libre entre une et deux heures...

— Si j'allais vous attendre pour vous conduire à la campagne ?

— Venez toujours... Nous verrons après...

— Oh ! merci !... merci, Claire !...

La jeune fille lui tendit les mains, lui jeta un regard chargé de tendresse, et gagna d'un pas leste le chemin conduisant à Creteil.

Adrien, le cœur rempli d'une indicible ivresse, la suivit longtemps des yeux.

— Claire ! — murmura-t-il en envoyant un baiser à l'orpheline, qui venait de se retourner pour le voir une dernière fois. — Claire, je t'adore !...

Elle fit un signe de tête et disparut à un brusque tournant de la route.

— Je l'ai retrouvée... — se dit Adrien tout bas — je l'ai retrouvée et je l'ai sauvée, car sans moi elle était perdue... Quel est le misérable aux mains de qui j'ai pu l'arracher?.. Il habite cette maison sans doute... Il avait attiré Claire dans un piège odieux... — Je ne sais pas son nom, mais son visage ne s'effacera point de ma mémoire... je le reconnaîtrai partout, et s'il avait l'impudente audace de s'attaquer encore à celle que j'aime, je le plaindrais !

Un cri d'appel vint arracher le jeune peintre à ses réflexions.

Non loin de lui, une voix connue jetait aux échos d'alentour ces mots :

— Ohé ! Adrien !... ohé !...

La voix était celle de Vivier...

— Me voici... — répondit-il.

Et il se dirigea du côté de la berge d'où partait l'appel.

Après avoir marché pendant deux ou trois minutes, il aperçut le bateau dans lequel se trouvaient Frémy et Vivier.

— Arrive donc, clampin !... — lui cria ce dernier... — Est-ce que tu faisais des études d'après nature !...

— Ma foi, non... — répondit Adrien en souriant... Je me contentais de regarder les feuilles pousser...

— Eh bien, nous, pendant que tu flânais devant les bourgeons bourgeonnants, nous opérions un sauvetage.

— Un sauvetage ?... — répéta Couvreur.

— Positivement... — En remontant le petit bras, nous avons repêché un particulier très chic qui buvait sa goutte... — Un *demi-noyé*...

— Bah !...

— Oui. — Le paroissien devait avoir un joli plumet !... — Il était en partie fine dans l'île, pour sûr et, les jambes étant molles, il a piqué une tête dans la limonade !...

— D'où vous l'avez retiré ?

— *Yes, sir*...

— Eh ! bien, mes enfants — reprit Adrien en sautant dans l'embarcation — c'est moi qui lui avais fait faire le plongeon...

— Bah ! à quel propos ?

— Son plumet le rendant querelleur et même agressif, je ne m'étais point gêné pour le repousser un peu fort... Seulement je ne savais pas qu'il avait roulé dans la rivière... Vous l'en avez retiré, tout est pour le mieux... — J'aime autant n'avoir la mort de personne sur la conscience...

XIII

Léopold avait été en effet repêché par Vivier et Frémy.

Quoique la rivière ne fût pas profonde à l'endroit où il était tombé, il avait bu deux ou trois fortes gorgées de ce que Vivier appelait pittoresquement *la limonade*, et il se serait infailliblement noyé sans les deux décorateurs qui le tirèrent de l'eau et le déposèrent sur la berge, juste au moment où la femme de chambre de Juana rentrait à la villa.

Elle poussa un cri de stupeur à l'aspect de la mine piteuse du gommeux ruisselant et couvert de vase qui, à moitié dégrisé par son bain glacial, se dirigeait en grelottant vers la maison.

— Ah! mon Dieu! qu'est-ce qui est donc arrivé à monsieur?... — demanda-t-elle.

— Une chose toute simple, parbleu!... — répondit Léopold qui ne voulait point se vanter de son aventure. — J'avais un petit plumet... l'idée m'est venue de m'offrir une promenade au bord de la Marne. J'ai fait un faux pas et j'ai roulé dans la rivière... Voilà...

— Monsieur est trempé comme une soupe !... Rien n'est plus mauvais par le froid... il faudrait que monsieur mît d'autres vêtements...

— Il faudrait... il faudrait... bien sûr, il le faudrait ! Mais vous devez bien penser, ma fille, que je n'ai pas apporté de bagages chez vous !...

— Je vais aller chercher à Monsieur des *frusques* de *Monsieur*... justement *Monsieur* est à peu près de la même taille que *Monsieur*, quoiqu'un peu plus gros.

Dans le langage de la femme de chambre, *Monsieur* désignait l'ami intime de Juana, le mari de la main gauche.

Un instant après Léopold, installé devant un grand feu dans le cabinet de toilette de la maîtresse du logis, changeait de linge, de vêtements, de bottines, de tout enfin, grâce à la garde-robe bien fournie du protecteur de *Madame*.

Une fois habillé de pied en cap, il dit à la femme de chambre en lui mettant deux louis dans la main :

— Quand ces dames reviendront, vous les préviendrez que je suis parti...

— Comment, monsieur, vous ne les attendez pas ?

— Jamais de la vie !... je file... je vais me mettre au dodo, chez moi... bien au chaud... — Ces dames dîneront ici... Bonsoir...

Et le gommeux, que ni les flammes du foyer, ni les vêtements secs n'avaient pu réchauffer, sortit de la villa et prit sa course dans la direction de la gare.

Quand il arriva à Saint-Maur, toujours courant, ses dents ne claquaient plus, une douce sensation de chaleur succédait à l'horrible froid de la moelle des os.

Cinq minutes plus tard, le train passait et l'emportait vers Paris.

La femme de chambre, en rangeant dans le salon, aperçut sur un meuble le carton à chapeaux envoyé par madame Thouret.

— Paraîtrait que le trottin de la modiste est venu pendant mon absence... — murmura-t-elle, — ma foi, tant pis ! je garderai les cent sous que madame m'avait dit de lui donner...

Un quart d'heure plus tard, Lucienne et Juana rentrèrent.

— A-t-on apporté mes chapeaux ? — demanda Juana.

— Oui, madame... les voilà...

— Où donc est Léopold ?... — fit Lucienne, ne voyant plus le gommeux sur le divan où elle l'avait laissé endormi d'un lourd sommeil.

— Oh! M. Léopold est parti... — répondit la caméristè en riant.

— Comment! parti ! — s'écria la jeune femme, inquiète. — Avec qui donc ?...

— Tout seul, madame, et si singulièrement accoutré que madame n'aurait pu le regarder sans rire...

— Qu'est-ce que ça signifie ?...

— M. Léopold avait voulu faire un petit tour de promenade et, comme il n'était pas bien solide sur ses jambes à ce qu'il paraît, il a piqué une tête dans la rivière.

— Ah! mon Dieu! — s'écrièrent Lucienne et Juana, épouvantées.

— Parfaitement bien... mais il en est sorti... Alors, comme il ne pouvait rester dans ses habits mouillés, sous peine d'attraper une fluxion de poitrine, j'ai pris sur moi de lui donner des vêtements de *monsieur*... — Dame ! il est plus mince que *monsieur*, monsieur Léopold... il flottait dedans !...

— Une fois habillé, il a filé, en me chargeant de prévenir ces dames qu'elles pouvaient dîner ici, attendu que, lui, allait se mettre au dodo chez lui...

Juana riait en écoutant ce récit.

Lucienne, au contraire, semblait préoccupée.

— M. Léopold a-t-il vu l'ouvrière en modes? — demanda-t-elle.

La femme de chambre, ne voulant point avouer son absence, répondit :

— Non, madame... — Quand elle est venue, il dormait...

Cette réponse ne rassura qu'à demi Lucienne.

— Je ne sais pourquoi, mais plus que jamais cette Claire m'inquiète... — pensa-t-elle. — J'ai dit à Placide Joubert que pour en finir avec elle il me fallait huit jours... mieux en finir tout de suite... — Dimanche prochain j'aurai gagné les cent mille francs !...

Léopold, en rentrant chez lui, s'était couché avec un peu de fièvre.

Le lendemain matin, il se sentit assez mal à l'aise pour envoyer chercher son médecin.

Celui-ci déclara qu'il n'y avait pas le moindre danger, mais qu'afin d'éviter toute complication le jeune homme devait garder la chambre pendant deux ou trois jours.

Le gommeux se soumit sans trop de peine à cette réclusion momentanée.

Une fois son ivresse évanouie, il avait retrouvé dans sa mémoire le souvenir net et distinct de ce qui s'était passé à la villa des Trembles et, quoique singulièrement dépourvu de sens moral, il éprouvait du regret et de la honte de son indigne action, et il voulait réfléchir dans la solitude aux conséquences que cette action pouvait avoir.

— Je me suis positivement conduit comme une brute du plus vilain galbe ! — se disait-il. — Grâce au vin de Champagne de Juana, me voilà dans une jolie position !! — au lieu de trouver moyen de rentrer en grâce auprès de Claire, je me suis rendu impossible !... Me pardonnera-t-elle jamais ? Et ce jeune homme qui est arrivé si à propos pour m'empêcher de mériter la cour d'assises... Ce jeune homme qui possède une poigne fièrement solide... qui diable peut-il être ? — Ils avaient l'air de se connaître, lui et Claire... — C'était peut-être un amoureux qui l'avait accompagnée et qui veillait sur elle... — Décidément je ne suis qu'une brute et qu'un crétin...

Puis, après réflexions nouvelles, il ajoutait :

— Mais, en somme, le mal n'est point irréparable... — Tout s'arrangera quand papa fera la demande, ce qui prouvera bien à la petite que je ne voulais pas lui poser un lapin...

Tandis que Léopold soignait sa fièvre, deux de nos personnages, — Claire et Adrien Couvreur — étaient absolument heureux.

Pour la première fois de sa vie, Claire croyait au bonheur.

La présence d'Adrien à la villa des Trembles lui paraissait un avertissement du Ciel.

Trois fois la jeune fille et le jeune homme s'étaient rencontrés, donc une force invincible, une puissance mystérieuse à laquelle il aurait été impossible de résister, les poussait l'un vers l'autre.

Adrien, seul au monde, devait tenir une place dans son cœur et dans sa vie.

Avec une indicible joie elle pensait au dimanche suivant, où le jeune homme viendrait la chercher, et où tous deux ils s'en iraient à travers la campagne, la main dans la main, parlant d'amour et d'avenir.

De son côté, le peintre en décors n'était pas moins heureux.

Il aurait pu s'écrier, comme Ruy Blas :

Ah ! je marche vivant dans mon rêve étoilé !

Elle serait donc sienne un jour, cette enfant que quelques heures plus tôt il pouvait, il devait croire à tout jamais perdue pour lui.

Il pensait à cette petite maison de l'île Sainte-Catherine, dont en été le jardin serait rempli d'ombre fraîche, de fleurs odorantes et de chants d'oiseaux.

Cette maisonnette, ce jardin feuillu, pouvaient lui appartenir.

C'est là qu'il vivrait auprès de Claire, devenue sa femme. — C'est là qu'elle l'accompagnerait le matin jusqu'au chemin de halage, quand il partirait pour son travail.

C'est là qu'elle l'attendrait le soir au retour, un rayon dans les yeux, un baiser sur les lèvres.

De cette rêverie résulta l'ardent désir de se rendre acquéreur de la maisonnette et de son jardin.

Cela ne devait pas être impossible puisque le tout était à vendre et ne pouvait pas coûter bien cher, étant données les proportions exiguës du pavillon et de l'enclos.

Adrien s'endormit en cherchant à se rappeler les indications tracées sur l'écriteau placé près de la porte du jardinet.

Sa mémoire travailla pendant le sommeil et, en

se réveillant, il se souvint que l'écriteau portait ces mots :

POUR TRAITER

S'adresser à Paris, au cabinet d'affaires, rue Geoffroy-Marie, n° 1...

— Il ne me manque que le nom de l'homme d'affaires — murmura-t-il ; — mais j'ai le nom de la rue et le numéro de la maison... — je trouverai...

XIV

Adrien sauta en bas de son lit, s'habilla rapidement, prit le chemin de la rue Geoffroy-Marie, arriva au n° 1, monta droit à l'agence que nous connaissons et dit à un employé de Placide Joubert :

— Je viens, monsieur, au sujet d'une petite propriété située sur la commune de Créteil, dans les îles Sainte-Marguerite... — Est-ce bien ici qu'il faut s'adresser ?

— Oui, monsieur... — Vous connaissez la maison ?

— Je l'ai vue du dehors.

— Vous voudriez sans doute la visiter ?...

— Oui, mais pas avant de savoir le prix de vente...

— Je vais vous l'apprendre...

L'employé ouvrit un carton et en tira un dossier qu'il feuilleta.

— Voici : — dit-il ensuite. — Il y a onze cent

vingt mètres de terrain à trois francs le mètre, ce qui fait trois mille trois cent soixante francs... — De la maison toute meublée on demande huit mille francs, total : *onze mille trois cent soixante francs*... Les frais de vente à la charge de l'acheteur... On donne de grandes facilités... En payant moitié comptant et les frais d'acte, l'acheteur aura cinq ans pour s'acquitter du reste, par annuités de mille francs... — Cela peut-il vous convenir ?

— Parfaitement, — répliqua le jeune homme, tout joyeux, car l'acquisition devenait non seulement possible mais facile. — Dès que j'aurai visité, nous pourrons conclure... — Vous avez les clefs ?...

— Elles sont à Port-Creteil, chez un marchand de vins restaurateur qui se nomme Bertin — Tout le monde vous indiquera sa maison. — Je vais vous donner un mot pour lui et il vous accompagnera... — Si l'immeuble vous convient, vous reviendrez ici et je vous mettrai en rapport avec mon patron, M. Placide Joubert, pour terminer...

— Pourrais-je entrer tout de suite en possession ?

— Dès que vous aurez payé la moitié du prix et les frais.

— Quand sera-t-il possible de signer l'acte ?

— C'est demain dimanche et les études sont fermées; mais lundi matin on le préparera, s'il y a lieu, et rien ne vous empêchera de le signer immédiatement.

Adrien quitta l'agence et partit pour Créteil, en emportant un mot adressé au restaurateur marchand de vins, gardien des clefs, chez lequel il déjeuna et qui le conduisit ensuite à la maisonnette.

A deux heures de l'après-midi il était de retour à Paris, absolument enchanté de sa visite, ayant hâte de conclure, et rayonnant à la pensée de dire à Claire un prochain jour :

— Allons visiter notre propriété... — le petit paradis que nous habiterons ensemble après notre mariage...

En descendant du chemin de fer le jeune homme sauta dans un fiacre, se fit mener chez lui, où il prit six mille francs, et de chez lui à la rue Geoffroy-Marie.

— Déjà de retour! — s'écria l'employé en le voyant. — Vous avez visité !

— Oui.

— Cela vous va ?

— Parfaitement... et je viens apporter l'argent à votre patron...

— Je vais vous conduire auprès de lui.

Un instant après Adrien entrait dans le cabinet de Placide à qui l'employé disait :

— Monsieur, de qui je vous ai parlé ce matin, arrive des îles Sainte-Catherine où il a visité la propriété...

— Quel drôle d'oiseau ! — pensait le jeune peintre en regardant Placide — Ah ! le vilain coco !!

Joubert salua.

— L'affaire vous convient, puisque vous voici, monsieur — fit-il. — Vous connaissez les conditions du vendeur ?..

— Je vais vous remettre moitié du prix d'acquisition et les frais de vente... — A combien montent-ils, je vous prie ?

Placide fit un calcul au crayon et répondit en formulant un chiffre.

Adrien versa cinq mille cinq cents francs, plus la somme réclamée pour les frais, donna son nom, reçut quittance et se retira après avoir pris rendez-vous avec Joubert pour le lundi suivant, à quatre heures de l'après-midi, chez un notaire du faubourg Montmartre.

Rayonnant de joie et d'orgueil à la pensée qu'il était propriétaire, le jeune homme voulut augmenter encore cette joie en voyant sa fiancée, ne fût-ce que la dixième partie d'une minute.

Il gagna la rue Caumartin, chercha le numéro indiqué, et passa devant le vitrage du magasin en jetant un coup d'œil à l'intérieur.

Claire travaillait auprès de madame Thouret.

Adrien l'aperçut; — son cœur se mit à bondir.

Il revint sur ses pas et à quatre reprises il passa et repassa sans que Claire, tout à son travail, se doutât de sa présence.

Enfin elle leva les yeux.

Ses regards se croisèrent avec ceux d'Adrien.

Elle devint rouge comme une fraise mûre.

Le jeune homme, posant son doigt sur ses lèvres fit le geste de lui envoyer un baiser.

Claire, toute confuse, baissa vivement la tête et parut de nouveau s'absorber dans son travail.

Adrien alors s'éloigna, l'âme remplie d'une indicible ivresse.

Il était trop tard pour aller à l'atelier ce jour-là.

— Je me mettrai lundi matin d'arrache-pied à la besogne — pensa-t-il — Pourvu que je sois à quatre heures précises chez le notaire du faubourg Montmartre, ça suffira...

Le lendemain matin Claire se leva plus tôt que

7.

de coutume, et apporta à sa toilette un soin particulier.

La jeune fille ne pouvait être accusée de coquetterie, nous le savons; mais elle aimait, elle allait voir celui à qui elle avait donné son cœur, elle allait, pour la première fois, sortir à son bras...

Un peu de coquetterie pouvait bien être permise à la mignonne enfant, en cette circonstance exceptionnelle.

Elle arriva vingt minutes plus tôt que de coutume à son magasin.

Madame Touret attendait.

— Si à une heure je ne suis pas rentrée, mon enfant, vous pourrez fermer et partir... — dit-elle à Claire.

Puis elle sortit.

Vers dix heures Adrien, qui ne pouvait commander à son impatience, quitta sa modeste chambre de la rue Malher et se dirigea vers la rue Caumartin.

Claire lui avait dit : — *A deux heures.*

Que lui importait cela ?

Il attendrait s'il le fallait pendant la moitié de la journée, mais du moins il la verrait de loin, et cela suffirait déjà pour le rendre heureux.

Chemin faisant il entra dans une crèmerie, déjeuna de façon frugale, et à onze heures et demie il se promenait sur le trottoir de la rue Caumartin, en face du magasin de madame Thouret.

La jeune fille assise devant la cheminée et tournant le dos au vitrage, ne s'apercevait pas de sa présence et pensait à lui sans se douter qu'il était si près d'elle.

Au moment où, dans ses allées et venues, Adrien remontait vers le boulevard il rencontra, à dix pas du magasin, une jeune femme fort jolie, autant du moins qu'on en pouvait juger sous la voilette épaisse couvrant à demi son visage.

Adrien se retourna [pour la regarder quand elle eut passé près de lui.

Elle était mise avec une extrême élégance et cachait ses mains dans un manchon de martre zibeline.

Arrivée devant le magasin de madame Thouret elle fit halte, ouvrit la porte et franchit le seuil.

Obéissant à une curiosité instinctive le jeune homme revint sur ses pas, traversa la chaussée et s'arrêta sur le trottoir de l'autre côté de la rue.

Claire s'était levée.

— Que désire madame? — demanda-t-elle en allant au-devant de la cliente qui répondit :

— Je voudrais un chapeau...

— Madame a-t-elle regardé nos formes à la vitrine ?

— Non.

— Si madame voulait avoir l'obligeance d'y jeter un coup-d'œil...

La nouvelle venue s'approcha du vitrage et examina les chapeaux.

— Celui-là... — fit-elle au bout d'un instant — Montrez-moi celui-là.

— Madame est connaisseuse... c'est un de nos plus jolis... Il est garni de point d'Angleterre.

— De point d'Angleterre nouveau, et je le voudrais ancien.

— Si la garniture était de vieille dentelle, madame me permettra de lui faire observer que le chapeau vaudrait dix louis de plus...

— Cela m'est égal... Avez-vous du vieux point d'Angleterre ?

— Oui, madame, et de la plus grande beauté...

— Montrez-le moi, je vous prie.

— A l'instant, madame.

XV

Claire passa derrière le comptoir, se tourna vers le casier renfermant les cartons, choisit un de ces cartons qui portait pour indication ces deux lettres majuscules : D. A., qui signifiaient : *Dentelles anciennes*, le posa sur le comptoir et l'ouvrit.

Il était aux trois quarts plein de dentelles du plus grand prix.

La jeune fille chercha au milieu des minces planchettes celle autour de laquelle se trouvait enroulée la vieille dentelle d'Angleterre et, déroulant un bout de cette dentelle retenue par une épingle, elle dit à la cliente :

— Voyez, madame... C'est très beau... très rare... et très cher...

— Le prix du mètre ?

— Deux cents francs.

— Combien en faudrait-il ?

— Un mètre et demi.

— Pourriez-vous, séance tenante, faire le changement de garniture au chapeau que j'ai choisi ?...

— Je le ferais bien, mais madame Thouret pourrait me reprocher d'avoir agi sans son autorisation... — Ce serait fort long, d'ailleurs. — Je suis seule et il faut démonter le chapeau presque entièrement. — Si madame veut attendre à demain...

— C'est impossible... — Je m'arrange aujourd'hui du chapeau tel qu'il est... Je viendrai demain ou après-demain en choisir un autre que l'on garnira selon mes idées... — Veuillez mettre celui-là dans un carton...

— Madame n'essaye pas ?...

— Non... — Je n'essaye jamais... — Je reconnais d'un seul coup d'œil les formes qui me vont.

— Madame ne songe point à emporter elle-même son chapeau ?...

— J'y songe, au contraire... — Le boulevard est à deux pas. — Je prendrai une voiture. — Hâtez-vous, je vous prie... Je suis très pressée...

Pour trouver une boîte à chapeau, Claire fut obligée d'entrer dans l'atelier des modistes et de monter sur un escabeau.

A peine la jeune fille venait-elle de quitter l'atelier que la cliente étendait la main vers le petit carton où la jeune fille avait replacé le coupon de vieille dentelle, s'emparait de ce coupon et d'un autre non moins précieux, et les glissait dans la poche de sa robe.

Lorsque l'orpheline rentra, apportant la boîte à chapeau, la cliente voilée était assise sur une chaise, fouillant son porte-monnaie bien garni de pièces d'or et de billets de banque.

— Combien vous dois-je?... — demanda-t-elle.

— Deux cent soixante francs, madame — répondit Claire en plaçant le chapeau dans sa boîte.

L'acheteuse se leva, posa sur le comptoir deux billets de cent francs et trois louis, et dit :

— Inutile de me donner une facture — je reviendrai demain ou après-demain pour l'autre chapeau...

Claire courut ouvrir la porte donnant sur la rue.
— La cliente sortit tenant à la main sa boîte à chapeau et se dirigea vers le boulevard.

La jeune fille revint au comptoir, referma le carton aux dentelles, et le replaçait dans son casier quand une ombre se dessina derrière le vitrage du magasin ; cette ombre lui fit lever les yeux.

Elle regarda et reconnut Adrien Couvreur.

— Ah! le vilain ! — s'écria-t-elle en courant à la

porte, qu'elle ouvrit de nouveau. — Voulez-vous bien ne pas vous arrêter comme ça, sur le trottoir!! — Tenez-vous donc à me compromettre?

— Mais il est midi et demie...

— Je n'ai pas encore déjeuné et je ne fermerai qu'à une heure!... — Allez m'attendre auprès de la station des omnibus Madeleine-Bastille... — C'est là que je vous rejoindrai...

Adrien, obéissant, se dirigea vers le boulevard, tandis que la servante de madame Thouret apportait le déjeuner de Claire dans l'atelier.

La femme voilée, en arrivant au boulevard avait pris une voiture.

— Où allons-nous ? — lui demanda le cocher.

— Rue Fontaine-Saint-Georges, numéro 9.

Rentrée chez elle, Lucienne Bernier — que nos lecteurs ont devinée depuis longtemps — ouvrit la porte de son cabinet de toilette.

Un grand feu brûlait dans la cheminée.

La complice de Placide Joubert poussa soigneusement le verrou de la porte afin de ne pouvoir être surprise, puis elle tira de sa poche les deux coupons de dentelles volés, et les jeta au milieu des flammes qui les dévorèrent en quelques secondes.

Lucienne ouvrit alors le carton.

— *Pièce à conviction* qui doit disparaître aussi...
— murmura-t-elle en prenant le chapeau, qu'elle tordit entre ses mains, et qui devint à son tour la proie du feu.

— J'ai gagné mon argent ! — continua Lucienne — Placide Joubert sera content ! NOTRE Léopold n'épousera pas Claire Gervais... — Il s'agit de terminer mon petit travail... — après ce qui est fait, ce qui reste à faire est peu de chose...

Elle s'était assise devant un mignon bureau très coquet, et sur du papier à son chiffre traça les lignes suivantes :

« Ma chère dame Thouret,

» J'ai réfléchi.

» Faites-moi pour mardi un chapeau semblable — (sauf la couleur) — à celui que vous m'avez vendu il y a quelques jours, et garnissez-le moi avec tout ce que vous avez de plus beau en vieille dentelle ; — de préférence en point d'Angleterre.

» Peu m'importe le prix.

» Je compte sur vous pour mardi.

» Mes salutations empressées.

» Lucienne BERNIER. »

Cette courte épître mise sous enveloppe et

l'adresse de la modiste écrite, Lucienne sonna sa femme de chambre et lui dit ;

— Allez jeter cette lettre à la poste.

* *

A une heure moins quelques minutes, Claire achevait de déjeuner.

A une heure précise, madame Thouret n'étant pas rentrée, la jeune fille priait la servante de lui donner un coup de main pour fermer.

Enfin, à une heure cinq minutes, se sachant libre et son cœur sautant joyeusement dans sa poitrine, elle se dirigeait vers la station des omnibus de la ligne Madeleine-Bastille.

Le ciel était lumineux, l'atmosphère presque tiède. On eût dit une belle journée de printemps.

Bientôt l'orpheline aperçut de loin Adrien, qui de son côté la voyant venir, alla vivement à sa rencontre :

— Bonjour, Claire... — fit-il d'une voix émue, en tendant à la jeune fille une main dans laquelle elle mit la sienne en tremblant.

— Bonjour, monsieur Adrien !

— Voulez-vous me donner votre bras ?

Et comme l'enfant, rougissante, semblait hésiter, il ajouta :

— Si vous me refusez, vous me ferez beaucoup de peine !... — N'avez-vous point confiance en moi?...

Claire leva sur Adrien ses grands yeux, et dans ceux du jeune homme elle lut la franchise, la droiture, la loyauté.

— Si... si... j'ai confiance — répondit-elle vivement en appuyant son bras sur celui d'Adrien tout frisso... .ant à ce contact.

Après un instan. le silence, il demanda :

— Où allons-nous?

— Où vous voudrez, monsieur Adrien.

— Appelez-moi votre ami, je vous en prie... Ce mot de *monsieur* est glacial...

— Où vous voudrez, *mon ami*.

Adrien pressa doucement le bras de Claire contre sa poitrine et reprit:

— Il est déjà tard, et les journées en cette saison sont trop courtes pour nous permettre d'aller bien loin... — Une promenade au bois de Boulogne vous plairait-elle ?

— Beaucoup.

— Eh bien ! nous traverserons le Bois et nous irons dîner à Suresnes... Voulez-vous ?...

— Conduisez-moi... — fit Claire en souriant — Puisque j'ai confiance je vous suivrai partout.

Un omnibus transporta les deux jeunes gens à la porte Maillot, d'où ils gagnèrent le bois de Boulogne.

Le visage épanoui de Claire reflétait la joie pure de son âme candide.

Adrien, fier de sa jolie fiancée, marchait la tête haute, et le rayonnement de tout son être semblait crier aux passants :

— Si vous voulez voir un homme heureux, vous n'avez qu'à me regarder!

Dans le Bois ils suivirent, la main dans la main, une longue allée solitaire. — Ils restaient silencieux, s'absorbant dans leurs pensées, dans leur bonheur.

— Claire — dit tout à coup Adrien — nous nous marierons bientôt, n'est-ce pas?

— Bientôt! — répéta la jeune fille dont les joues s'empourprèrent — Mais nous nous connaissons à peine...

— Ah! je vous connais bien, moi! — répliqua le peintre. — Vous êtes bonne, douce, travailleuse... Vous avez besoin d'affection... Eh bien, cette affection ne vous manquera point... — Je vous aime, et je vous aimerai toujours.

— Toujours? — bien vrai?

— Oui, toujours... — Ne le croyez-vous pas?...

— Je veux le croire... Vous me paraissez bon et sincère, et il me semble que, si vous n'aviez été ni l'un ni l'autre, mon cœur ne serait point allé instinctivement à vous...

XVI

Les dernières parole de l'orpheline étaient un aveu, aussi Adrien, se penchant vers elle, murmura tout près de son oreille :

— Vous m'aimez, Claire ?... vous m'aimez ?...

Claire baissa les yeux, et d'une voix si faible qu'elle était à peine distincte, répondit ;

— Oui, Adrien, je vous aime...

Leurs têtes se touchaient presque.

Les lèvres du jeunes homme effleurèrent le front de sa fiancée.

Sous ce baiser, le premier qu'elle eût jamais reçu, l'enfant sentit un frisson délicieux courir sur son corps et, sans en avoir conscience, elle serra plus fort la main d'Adrien qu'elle tenait entre les siennes.

Après un long moment de silence, le peintre reprit :

— Ainsi, c'est convenu... Notre mariage se fera

le plus tôt possible... — Vous allez réunir tous les papiers qui vous seront nécessaires... J'en ferai autant de mon côté, et nous nous rendrons ensemble à la mairie pour la publication des bans. Aussitôt les bans publiés, le reste va vite... Ici se présente une grosse question à résoudre...

— Laquelle ?

— Une fois le mariage célébré, où installerons-nous notre nid ?

— Où vous voudrez, mon ami... — Avec vous, partout je serai heureuse...

— Sans doute ; mais on peut rendre le bonheur plus complet encore... — Aimeriez-vous habiter la campagne ?

— Oh ! beaucoup... beaucoup... Mais, pour votre travail ?...

— Je viendrais à Paris tous les matins... J'en reviendrais tous les soirs, à cinq heures et, au lieu d'un petit logement étroit à quelque cinquième étage, vous auriez une maisonnette, un jardin, le grand air, les eaux pures, les arbres et les fleurs.

Claire poussa un soupir :

— C'est un beau rêve... — murmura-t-elle.

— Pourquoi un rêve?... — Pourquoi ne serait-ce point une réalité ? — Nous aurons une petite maison à nous... Vous verrez... et... Mais non,

je ne veux pas vous dire cela aujourd'hui...
— Quoi donc ?
— C'est une surprise que je vous ménage... une surprise qui vous causera, je l'espère, une grande joie.
— Cependant, je voudrais bien savoir...
— Non... non... plus tard... Je vous en prie, ne me questionnez pas, il me serait impossible de vous répondre. — Voici que nous approchons de Suresnes... — Traversons le pont et nous irons dîner au *Chalet*...

Nous ne suivrons pas plus longtemps les deux jeunes gens ; nous ne raconterons point les menus détails de cette heureuse journée qui leur parut plus courte qu'aucune autre journée de leur existence antérieure.

A dix heures du soir seulement ils gagnèrent la station de Suresnes, et à onze heures ils rentraient à Paris.

Malgré l'insistance d'Adrien, Claire refusa résolument de se laisser reconduire par lui jusqu'à sa porte. Elle avait peur d'être rencontrée si tard au bras d'un jeune homme, ce qui n'aurait pas manqué de la compromettre.

Il était près de minuit quand elle arriva seule devant la maison de la rue des Lions-Saint-Paul.

Jamais elle n'était rentrée à cette heure.

— Heureusement la portière sera couchée et endormie... — pensait-elle. — Je ne dirai pas mon nom en passant... — Dieu sait ce qu'elle imaginerait sur mon compte si elle pouvait se douter que je reviens si tard !...

Elle sonna.

La porte s'ouvrit.

Hélas ! la pauvre enfant jouait de malheur !...

Pendant toute la soirée la concierge avait fait la fête avec des parents venus de province pour la voir, et le gaz brûlait encore dans la loge.

— Comment ! c'est vous, ma petite? — s'écria-t-elle d'un air scandalisé quand la jeune fille entra dans la zone lumineuse. — Ah ! par exemple, en voilà une sévère !... Je vous croyais au dodo depuis longtemps, moi !

— J'ai travaillé au magasin... — murmura Claire avec embarras.

— Un dimanche !... jusqu'à minuit !... Saperlipopette, à d'autres, par exemple ! Quand vous me ferez avaler une *craque* de ce calibre-là, il fera plus chaud qu'aujourd'hui !

Claire rougit jusqu'au blanc des yeux.

— Que croyez-vous donc, alors?... — balbutia-t-elle.

— Dame ! je ne tournerai pas trente-six fois ma langue dans ma bouche pour vous le dire... Je crois que vous êtes allée faire une petite noce avec un amoureux !... Voilà !...

— Vous vous trompez, madame — répliqua Claire sèchement — je vous souhaite le bonsoir.

Et elle s'élança dans l'escalier.

La portière, dodelinant de la tête d'un air goguenard, la regarda monter.

Quand la jeune fille eut disparu, elle regagna sa loge.

— Une vraie grue, cette pécore-là ! — murmurat-elle d'un ton dédaigneux — elle n'a pas voulu du *mionnaire* qui lui payait une maison avec ses meubles, qui faisait sa fortune, et je parie n'importe quoi contre n'apporte qui, qu'elle est en train de se laisser enjôler par quelque *gigolo* sans un radis !... — Grand bien lui fasse ! — Ça la regarde !...

.*.

Bonichon, l'agent de maître Jacquier, ne se tenait point pour battu.

Malgré son échec au quai Bourbon il espérait bien retrouver Marie-Jeanne, la blanchisseuse de Bonneuil en rupture de fers à repasser.

Il avait raconté très sincèrement à son patron sa mésaventure.

L'homme d'affaires, au lieu de le décourager, s'était empressé de lui répondre :

— Vous avez prouvé trop d'adresse pour manquer aujourd'hui d'expédients... — Fouillez donc dans votre sac à malices et tirez-en un nouveau tour... — Il faut que vous mettiez la main sur cette petite fille et qu'elle soit à notre discrétion... — Si c'est difficile, tant mieux... — Vous n'en aurez que plus de mérite...

Electrisé par ces paroles, Bonichon s'était dit :

— Le patron à raison... — Je ne dois pas jeter le manche après la cognée ! On peut tout ce qu'on veut, et je veux réussir ! ! — Réussir... c'est bientôt dit... Mais comment?... — Le portier du vicomte de Quercy a sa consigne, et ce serait peine perdue que d'essayer de tirer quelque chose de lui... — Que faire donc pour découvrir où perche Marie-Jeanne ?...

Bonichon se plongea pendant quelques minutes dans une méditation profonde ; puis soudain son visage s'illumina, il fit le geste triomphant d'Archimède après sa découverte, et s'il ne s'écria point : *Eureka !* c'est qu'il ne savait pas le grec.

Il venait de trouver son moyen.

L'agent de Jacquier avait toujours dans son portefeuille du papier à lettres portant l'en-tête du cabinet d'affaires de son patron.

Il entra dans un petit café borgne, se fit servir un mazagran, prit une feuille de ce papier, et d'une écriture digne de quelque élève de Brard et Saint-Omer, calligraphia ces lignes :

« Mademoiselle,

» Je vous prie de vouloir bien passer le plus tôt possible à mon cabinet pour affaire très importante qui vous concerne.

» (Affaire d'héritage.)

» Veuillez agréer, mademoiselle, etc.

» Pour M. Jacquier,

» BONICHON. »

— C'est une idée vraiment merveilleuse qui m'est venue là !... — murmura-t-il ensuite... — Quand il s'agit d'héritage, c'est-à-dire d'argent à palper, on ne se fait jamais tirer l'oreille... — La donzelle arrivera, ou enverra quelqu'un à l'étude... et, alors ce sera l'affaire du patron... — J'aurai poussé le poisson dans la nasse, par conséquent gagné mes primes et mon tant pour cent sur l'affaire.

Bonichon mit la lettre sous enveloppe, écrivit cette adresse : *Mademoiselle Marie-Jeanne, quai Bourbon, n° 22* ; se rendit à l'île Saint-Louis, avisa un commissionnaire à la porte d'un marchand de vins, l'appela et lui dit :

— Voici quarante sous... — Vous allez porter au numéro 22 du quai Bourbon cette lettre, adressée à mademoiselle Marie-Jeanne, et vous demanderez à la remettre en main propre...

— Si la demoiselle n'y était pas ?... — fit le commissionnaire.

— On vous dirait si elle habite la maison, et dans ce cas vous laisseriez la lettre. — Dans le cas contraire, vous chercheriez à savoir l'adresse de cette personne... — Vous affirmeriez qu'il s'agit d'une chose excessivement pressée et que la lettre vient de chez un notaire; maître David, rue de Condé, qui écrit pour un héritage...

— Bien, monsieur... — j'y cours...

— Je vous attends ici et, si je suis satisfait de la nouvelle que vous m'apporterez, je vous donnerai cent sous...

Le commissaire partit en courant.

Pour arriver au numéro 22 du quai Bourbon il ne lui fallait que quelques minutes.

XVII

Au bout d'un quart d'heure, le commissionnaire reparut.

Il tenait à la main la lettre de Bonichon.

— Eh bien! — s'écria celui-ci, fort désappointé. — Vous revenez bredouille? — vous avez fait chou blanc?...

— Oh! que nenni, bourgeois! — répondit le commissionnaire en riant — j'ai gagné, au contraire, votre pièce de cent sous...

— Comment cela?

— Je sais l'adresse de la demoiselle Marie-Jeanne...

— Elle ne demeure donc pas au numéro 22?

— Non, bourgeois, et le pipelet du quai Bourbon affirmait même de ne la point connaître, d'un air si véridique qu'un autre s'y serait laissé prendre; mais je suis un vieux singe qui se connaît en grimaces. — Je gardais de la méfiance... J'ai parlé de notaire et d'héritage...J'ai cité le nom que vous m'aviez dit, ça a fait de l'effet... — Le pipelet s'est déboutonné... — La demoiselle demeure au numéro 44 du boul' Mich', comme disent MM. les étudiants... — C'est là qu'il faut porter la lettre ; seulement paraîtrait, à ce que prétend le concierge, que la demoiselle, pour sûr, ne sera pas chez elle aujourd'hui...

— Très bien... — Voilà vos cinq francs... — fit Bonichon en reprenant la lettre.

Tout en regagnant la rue Bleue, il pensait :

— J'étais bien sûr que le petit truc de l'héritage ne raterait pas !... — Marie-Jeanne est certainement partie à la campagne avec M. de Quercy...— C'est demain dimanche ; ils ne rentreront à Paris que demain soir ou lundi matin... — Or, lundi matin, je serai au boul' Mich'... — Je crois que, cette fois-ci, j'ai fait d'assez bonne besogne.

De retour au cabinet d'affaires, il rendit compte à son patron de ce qui venait de se passer.

— Bravo !... — dit Jacquier enchanté. — Nous tenons la donzelle !... — Il s'agit maintenant de nous munir d'actes venant à l'appui de notre dire quand nous présenterons l'enfant à sa mère.

— En fait d'actes — répliqua Bonichon — il

nous suffirait d'une copie des renseignements relevés sur le registre officiel par Placide Joubert, copie certifiée par le directeur de l'Assistance publique...

— Non, cela ne suffirait pas... — murmura Jacquier — il nous faudrait encore autre chose.

— Quoi donc?

— La copie légalisée du procès-verbal dressé par le commissaire de police du quartier de la Roquette lorsqu'on a trouvé la petite fille blessée près d'une barricade...

— C'est juste... — Eh bien, il n'y a qu'à aller demander ces copies à qui de droit... — On ne peut pas nous les refuser... — Seulement...

Bonichon s'interrompit :

— Seulement, quoi ? — dit Jacquier.

— On questionnera... on voudra savoir quel intérêt me guide. — Songez que Joubert a fait des démarches...

— Rien de plus simple... Il ne s'agit que de continuer ces démarches au nom de Joubert...

— Excellente idée, patron, dont je saurai tirer profit ..

— Il nous faut avoir la médaille restée aux mains de madame Ligier, la blanchisseuse de Bonneuil...

— Nous l'aurons...

— Votre itinéraire est tout tracé. — Voir d'abord la jeune fille... la circonvenir, et vous arranger de telle sorte que Joubert, si malin qu'il soit, ne puisse la retrouver... — Avoir ensuite les pièces, et nous agirons...

— N'allez-vous pas prévenir mademoiselle de Rhodé ?

— Inutile. — Quand nous tiendrons tous les atouts nous irons de l'avant.

— Lundi, j'ouvrirai le feu.

*
* *

Quoi qu'un peu fatigué par les longues marches et par les douces émotions de la journée du dimanche, Claire, après s'être levée à son heure habituelle, était partie pour son magasin.

— Vous avez vendu un chapeau, hier matin... — lui dit madame Thouret au moment de son arrivée.

— Oui, madame ; j'ai mis l'argent dans le tiroir-caisse.

— Où je l'ai trouvé... — Et sur le livre vous avez inscrit la vente, sans indication de nom et d'adresse...

— Je n'ai osé demander ni l'un ni l'autre...

Mais cette dame doit revenir aujourd'hui ou demain...

— C'est bien...

La modiste regarda Claire.

— Vous avez mauvaise mine aujourd'hui... — dit-elle ensuite. — Vous êtes très pâle. — Qu'avez-vous donc fait hier?...

La jeune fille, de pâle qu'elle était devint pourpre, en balbutiant :

— Rien de particulier, madame... j'ai travaillé un peu hier soir... et je me suis couchée plus tard qu'à l'ordinaire...

— Vous avez eu tort... — il faut éviter de veiller, car vous n'êtes pas encore solide... — Dépêchez-vous de ranger le magasin — j'ai préparé des factures... — Vous irez en recette avant de déjeûner...

Claire se hâta de mettre les vitrines en ordre.

A neuf heures, elle prit les factures et sortit.

Comme elle quittait le magasin un facteur y entrait, et remettait à la modiste des journaux et une lettre.

C'était la lettre de Lucienne.

Madame Thouret la lut, passa dans l'atelier des ouvrières et dit à celle qui remplissait les fonctions de *première* :

— Mademoiselle Irma, vous souvenez-vous du chapeau que j'ai vendu, il y a quelques jours, à madame Lucienne Bernier ?

— Parfaitement, madame.

— Eh bien ! préparez de suite une forme exactement pareille... — Quand la forme sera terminée, appelez-moi... — Je vous dirai comment il faudra garnir...

— Je vais me hâter, madame...

Madame Thouret rentra dans le magasin et, n'ayant probablement rien à faire, se mit à lire les journaux.

Une heure s'écoula.

Au bout de ce temps la *première*, tenant sur son poing fermé la carcasse du chapeau qu'il allait falloir garnir, vint trouver la patronne et lui dit :

— Voici la forme demandée, madame.

— C'est bien cela. — Nous allons l'habiller en velours vieil or, avec fond de perles... — Et comme garniture, du point d'Angleterre ancien... ce qu'il y a de plus beau. Madame Lucienne Bernier ne regarde pas au prix... Vous avez du velours vieil or ?

— Oui, madame, et du fond de perles...

— Eh bien, allez, — je vous donnerai la dentelle

tout à l'heure... je vous confierai la pièce et vous ne couperez qu'à bon escient... dix centimètres valent vingt francs... Ne l'oubliez pas...

— Je n'aurai garde!!! — deux cents francs le mètre! peste!

La première regagna l'atelier en emportant la forme.

Madame Thouret se dirigea vers le casier placé derrière le comptoir et renfermant les cartons de rubans, de passementeries et de dentelles.

Elle prit celui qui contenait les dentelles de grande valeur, le plaça sur le comptoir, l'ouvrit et y chercha le coupon dont elle avait besoin.

— Voilà qui est singulier! — murmura-t-elle au bout d'un instant — il me manque le vieux point d'Angleterre et le point d'Alençon... — Claire aura changé les coupons de boîte... — C'est une grosse maladresse... je la gronderai quand elle rentrera.

La modiste tira du casier un autre carton dont elle examina le contenu.

Elle en fit autant pour un troisième, pour un quatrième, pour tous ceux enfin qui contenaient des dentelles.

Tandis qu'elle se livrait à ces inutiles recherches, sa colère grandissait rapidement.

— Ah! par exemple, c'est trop fort! — dit-elle

tout d'un coup presque à haute voix. — Mon coupon de dix mètres de vieux point d'Angleterre !...
Je l'ai vu il y a deux jours !... — Mon coupon de quinze mètres de point d'Alençon !! — Disparus !!
— Qu'est-ce que ça signifie ?...

Elle appela :

— Mademoiselle Irma...

La *première* accourut et se posa en point d'interrogation.

— Vous n'avez pas fouillé ces cartons pour y chercher de la dentelle? — reprit la patronne.

— Jamais, madame ! — Quand j'ai besoin de quelque chose, je m'adresse à madame, ou, en son absence, à la demoiselle de magasin qui a la confiance de madame...

— Vous n'avez pas demandé à mademoiselle Claire du point d'Angleterre ou du point d'Alençon ?

— Non, madame... — Madame me permet-elle de la prier de m'apprendre pourquoi cette question ?...

— Parce qu'il me manque deux pièces, l'une d'Angleterre, l'autre d'Alençon...

— C'est bien singulier !... — fit la *première* en pinçant les lèvres. — Personne ne touche aux dentelles, sauf madame et mam'selle Claire...

— Ah!... murmura madame Thouret. — C'est plus que singulier! c'est étrange... — Si je suis volée, d'ailleurs, ce sera ma faute!... — ajouta-t-elle. — Je l'ai prise sans aller aux renseignements, cette fille !.

A cette minute précise, la porte du magasin s'ouvrit, et Claire parut.

XVIII

La porte du magasin s'ouvrit — avons-nous dit — et Claire parut.

— Vous arrivez à propos, mademoiselle ! — s'écria madame Thouret. — Voilà une heure que je cherche le coupon de point d'Alençon et celui de vieux point d'Angleterre... où sont-ils ?...

— Mais dans le carton... — répondit l'orpheline.

— Vous mentez, mademoiselle ! Ils n'y sont pas !... — fit la modiste que la colère emportait.

— Il est impossible qu'ils n'y soient pas...

— Ah ! ça, me prenez-vous pour une aveugle ou pour une imbécile ? Croyez-vous que je parle à la légère ? — Quand j'affirme une chose, c'est que je suis sûre de cette chose.

Claire frissonnait d'émotion.

La fureur de madame Thouret et son visage décomposé l'épouvantaient.

— Voulez-vous me permettre de chercher, madame ?... — balbutia-t-elle.

— Cherchez !... et surtout trouvez !... Dans votre intérêt je vous le conseille !!

— Dans mon intérêt... — répéta la jeune fille en devenant très pâle — Que voulez-vous dire ?...

— Cherchez ! — interrompit violemment la modiste. — Il n'est que temps !!

Tremblante comme la feuille, Claire se mit à fouiller dans les cartons.

A mesure qu'elle tournait et retournait les coupons de dentelle, sa figure prenait une expression d'indicible terreur.

— Eh bien, trouvez-vous ? — demanda la modiste avec une insultante ironie.

— Ils n'y sont pas, madame — bégaya l'enfant — et cependant, hier, je les ai vus... je les ai touchés...

— Hier ? — Pourquoi hier ?

— Je les ai montrés à la personne qui achetait un chapeau... Elle voulait que je lui changeasse la garniture...

— Qu'est-ce que cela prouve ? — Qu'ils y étaient hier et qu'ils n'y sont plus aujourd'hui. — Hier, vous avez quitté le magasin à une heure et demie...

— Oui, madame...

— Les coupons étaient encore là?
— Je le crois, madame...
— Comment! vous le croyez? — Vous n'en êtes donc pas sûre?... — N'avez-vous point remis tout en place après avoir montré ces dentelles à la cliente dont vous me parlez?
— Si madame.
— Eh bien! personne n'est entré ici depuis hier et les deux coupons ont disparu! — où sont-ils!... qu'en avez-vous fait?
— Ce que j'ai fait de ces coupons?... — s'écria Claire terrifiée.
— Allons, répondez!... et répondez vite! — dans quelques minutes vous aurez épuisé toute ma patience! — il sera trop tard pour les remettre où vous les avez pris!!

L'orpheline chancela.

Il lui semblait sentir la folie s'emparer de son cerveau.

— Madame... madame... — balbutia-t-elle d'une voix étranglée — est-ce que vous me soupçonnez?... est-ce que vous m'accusez?

— Qui voulez-vous que je soupçonne?... qui voulez-vous que j'accuse? — Vous êtes responsable! — Vous avez vu ces dentelles, hier, vous les avez touchées... — Où sont-elles aujourd'hui?

— Mon Dieu ! mon Dieu ! — s'écria Claire avec désespoir. — Je vous jure que je n'ai pas pris ces coupons !

— Ils ne se sont point envolés tout seuls, je suppose !

— Mais alors, vous me regardez comme une voleuse ?...

— Si vous voulez que je change d'opinion à ce sujet justifiez-vous !

— Ah ! c'est odieux !

— C'est votre conduite qui est odieuse !... — J'ai eu pitié de vous... de votre position... Je vous ai admise chez moi sans même aller aux renseignements, et voilà de quelle façon vous me récompensez !

— Madame... madame... — dit Claire absolument affolée en tombant à genoux et en tendant les mains vers la modiste — je vous jure sur ce qu'il y a de plus sacré au monde... je vous jure sur la tombe de ma mère, que je suis innocente... Moi, une voleuse ?... Vous ne le croyez pas... vous ne pouvez pas le croire...

— Il y avait pour plus de trois mille francs de dentelles dans ces deux coupons — répliqua froidement madame Thouret — ils ont disparu et vous seule, entendez-vous, vous seule, avez pu les faire disparaître... — Tenez, vous êtes une misérable !... — Voulez-vous, oui ou non, me dire ce que vous avez fait de ces coupons?

Claire ne pouvait plus parler.

La stupeur et l'effroi lui ôtaient toute présence d'esprit, anéantissaient toutes ses facultés morales.

Elle éclata en sanglots et se tordit les mains.

— Il ne s'agit pas de pleurer, voleuse ! — s'écria madame Thouret au comble de l'exaspération. — Il faut rendre ce que vous avez volé !... Voyons, répondez-moi... — Les avez-vous engagées ou vendues, ces dentelles ?... Que sont-elles devenues ? Je veux le savoir !

Claire sanglotait plus que jamais.

Il lui aurait été impossible d'articuler une seule parole.

C'est à peine si elle entendait.

— Ah ! c'est trop fort !... — reprit la modiste, en se coiffant d'un chapeau et en jetant sur ses épaules un vêtement qui se trouvait là ; puis, s'adressant à la *première* qui, silencieuse et l'air moqueur, venait d'assister à toute cette scène, elle ajouta : — Mademoiselle Irma, veillez, je vous prie, à ce que cette fille ne quitte pas le magasin avant mon retour... — Appelez au besoin ces demoiselles si malgré vous elle voulait sortir !

Elle s'élança dehors, monta dans une voiture qui passait à vide, et donna au cocher l'adresse de Lucienne Bernier.

Celle-ci déjeunait lorsque sa femme de chambre lui annonça madame Thouret.

Un seul coup d'œil jeté sur le visage de la modiste lui fit comprendre que tout était découvert ; mais elle ne parut même pas remarquer ce bouleversement et, souriante, elle demanda :

— Venez-vous déjà m'apporter mon chapeau ? — Ce serait prodigieux !

— Il s'agit bien de votre chapeau ! — répliqua madame Thouret en tombant sur un siège.

— De quoi donc, alors ?

— De Claire, ma demoiselle de magasin...

— Je ne comprends pas.

— Ah ! c'est un joli cadeau que vous m'avez fait là !

— Comment, un cadeau que je vous ai fait ?...

— Certes !... sans votre recommandation, je ne l'aurais pas prise, et à l'heure qu'il est je ne serais point volée !...

— Volée ? — répéta Lucienne en jouant l'étonnement.

— Oui, parbleu ! Volée par cette fille, par cette coquine !...

— Que vous a-t-elle pris ?

— Deux coupons de dentelles d'une valeur de plus de trois mille francs.

— Vous en êtes certaine ?

— Autant qu'on le puisse être. — Elle-même convient qu'étant, hier dimanche, seule au magasin, elle a montré ces dentelles à une cliente de passage. — Elle est sortie à une heure et demie, après avoir fermé le magasin, et ce matin les coupons ont disparu...

— Cela est grave, en effet, et fort compromettant ! — Que dit-elle pour se justifier ?

— Parbleu ! elle nie et fait de grands bras ! — Voilà ce qui arrive quand on est assez sotte pour accepter sans recommandation des gens qu'on ne connaissait pas !

Lucienne prit un air pincé en répondant :

— Permettez-moi de vous faire observer, ma chère madame Thouret, que je ne connaissais pas cette petite plus que vous... — Je ne l'ai jamais vue... — Vous vous plaigniez d'être sans demoiselle de magasin... — Je vous ai dit simplement : — *On m'a donné l'adresse d'une jeune fille, d'une orpheline, qu'on dit fort à plaindre et fort intéressante...* et je vous ai remis cette adresse... — Ma recommandation, vous en conviendrez, était bien vague,

6.

et j'affirme que vous n'avez aucun reproche à m'adresser...

Ceci fut dit d'un ton très sec.

Madame Thouret comprit qu'il serait maladroit de s'aliéner une aussi bonne cliente que Lucienne Bernier, et se hâta de répliquer d'une voix mielleuse :

— Ah! grand Dieu, chère madame, combien il est loin de ma pensée de vous adresser le moindre reproche!... — Je venais vous raconter les faits simplement. — Vous n'êtes pour rien dans tout cela, mais vous devez comprendre ma colère, mon indignation...

— Je les trouve légitimes. — Qu'allez-vous faire?

— Avant d'agir, j'ai voulu vous demander conseil.

— A moi?... — Pourquoi à moi?... — Que m'importe cette voleuse?... — Elle n'a jamais été ma protégée, et, l'eût-elle été, je l'abandonnerais en apprenant son indignité!... — Agissez à votre guise... — Mon opinion personnelle est que les gredins considèrent l'indulgence comme un encouragement... — *La justice pour tous!* voilà ma devise... — Donc cette fille, étant une voleuse, doit être traitée en voleuse.

— C'était aussi mon opinion, mais je n'aurais pas voulu risquer de vous déplaire..

— Quelle folie !... — Vos agissements, quels qu'ils fussent, ne me regardaient pas !...

— Vous me pardonnez mon importunité ?

— De grand cœur... — Envoyez-moi mon chapeau le plus tôt possible.

— Dès aujourd'hui vous l'aurez.

Et madame Thouret quitta sa cliente.

XIX

— Tout va bien !... — se dit joyeusement Lucienne restée seule — j'ai gagné ma prime !... — Il ne me reste qu'à l'aller toucher...

Elle acheva de déjeuner, s'habilla, sortit, et prit le chemin de la rue Geoffroy-Marie.

Au moment où madame Thouret quittait son magasin Claire avait été prise d'une violente crise nerveuse, à laquelle succéda un évanouissement complet.

Mademoiselle Irma, — la *première* — fut obligée d'appeler la servante à son aide pour relever l'orpheline et la porter sur un canapé qui se trouvait dans l'atelier où, comme bien on pense, tout était sens dessus dessous.

Claire resta, pendant plus d'une demi-heure, évanouie et sans secours.

Les ouvrières s'éloignaient d'elle avec répulsion et avec dégoût.

Peu à peu la malheureuse enfant reprit connaissance.

Elle rouvrit les yeux, jeta un regard autour d'elle et aperçut les ouvrières qui l'examinaient d'un air railleur et méprisant.

La mémoire lui revint aussitôt et, avec la mémoire, la douleur.

Elle quitta précipitamment le canapé et se dirigea vers le magasin, en pressant entre ses deux mains ses tempes brûlantes et en balbutiant :

— Voleuse !... voleuse !... moi !... Oh ! mon Dieu !...

Elle alla prendre, à la patère où ils étaient accrochés, son chapeau et son mantelet.

— Que voulez-vous faire, mademoiselle ?... — lui demanda la *première* d'un ton hautain.

— Ce que je veux faire ? — répliqua la jeune fille, les yeux hagards, — Ne le comprenez-vous pas ? — On m'a traitée de voleuse ici ?... On me regarde comme une misérable... On se détourne de moi comme d'une créature indigne... — Est-ce que je puis rester un instant de plus dans cette maison ?... — Je pars...

— Vous ne sortirez qu'après le retour de madame...

— De quel droit prétendez-vous me retenir ?...

— J'obéis à l'ordre que madame m'a donné...

— Et si je veux sortir malgré vous ?...

— Ces demoiselles se joindront à moi pour vous empêcher de passer, voleuse !...

A cette minute précise la porte du magasin s'ouvrit et madame Thouret, qui venait de descendre de voiture entra, suivie de deux messieurs derrière lesquels, fermant la marche, marchaient deux gardiens de la paix.

L'orpheline comprit.

Son sang se glaça dans ses veines et le parquet lui parut s'effondrer sous ses pieds.

— Monsieur le commissaire — dit madame Thouret en s'adressant à l'un des deux hommes — voilà Claire Gervais... c'est elle que j'accuse...

— On m'accuse... on m'accuse... — bégaya Claire éperdue. — Mais je n'ai rien fait de mal, messieurs, je le jure !... je n'ai rien à me reprocher.

— Les dénégations ne prouvent rien... — dit le commissaire d'une voix sèche ; —si madame Thouret vous accuse, c'est qu'elle croit avoir des motifs très sérieux pour le faire. — Vous avez soustrait deux coupons de dentelles.

— Non, monsieur ! non, je le jure ! je n'ai rien soustrait !

— Hier, ces dentelles étaient ici... Vous en convenez vous-même. Aujourd'hui, elles n'y sont plus...
— Voilà qui est indiscutable. — La porte du magasin n'a pas été forcée après votre départ, et madame Thouret ne s'est point volée elle-même.

— Je ne sais pas comment cela se fait, monsieur, je ne comprends rien... je n'explique rien... je ne sais qu'une chose, c'est que je suis innocente, c'est que je suis incapable d'un vol... — Une dame est venue hier, quand j'étais seule au magasin. — Je lui ai montré ces dentelles, et qui sait si elle-même...

— Alors — interrompit madame Thouret — vous accusez la personne qui est venue, hier, acheter un chapeau ?

— Non, madame, non... je n'accuse point... je cherche à me défendre...

— Quelle était cette dame ? — demanda le commissaire.

— Je ne la connais pas.

— Jeune ou vieille ?

— Jeune... je crois...

— Comment ! vous croyez ? — Que signifie cette apparence de doute ? — Ne savez-vous donc point, de façon positive, à quoi vous en tenir sur l'âge de cette dame ?

— Elle était voilée, monsieur.

— Voilée ! — Mais vous n'avez pu lui essayer un chapeau sans qu'elle quittât son voile...

— Elle a acheté sans essayer...

— Cela se fait-il ainsi quelquefois, madame ? — reprit le commissaire en s'adressant à madame Thouret, qui répondit :

— Jamais, monsieur ! jamais ! jamais !

— Vous le voyez, Claire Gervais... l'histoire que vous nous contez là est bien invraisemblable !

— Je dis la vérité, monsieur, je le jure.

— Après avoir montré les dentelles à cette inconnue... à cette dame voilée... qui achète ses chapeaux sans les essayer... qu'avez-vous fait des coupons?.....

— Je les ai remis à leur place...

— Dans le carton, par conséquent ?

— Oui, monsieur...

— Donc, la dame inconnue n'a pu les prendre et, si vous les aviez mis dans le carton, on aurait dû les y retrouver...

Claire baissa la tête en balbutiant :

— Je vous répète, monsieur, que je ne puis rien expliquer...

— Vous étiez seule au magasin ?...

— Rose, la servante de madame, était dans l'atelier ou à la cuisine...

De la pièce voisine où elle guettait les questions du magistrat et les réponses de l'ouvrière, Rose s'élança dans le magasin.

— Ah ! çà, ah ! çà, — s'écria-t-elle — est-ce que, par hasard, elle cherche à me faire soupçonner, cette coquine !! — C'est un peu fort de toupet, mais ça ne prendra pas !! — Je dirai tout, moi !

— Vous direz tout ?

— Et carrément, je vous en fiche mon billet !...

— Que savez-vous donc ?

En même temps le magistrat faisait signe à son secrétaire, qui prenait les notes nécessaires à la rédaction du procès-verbal, de redoubler d'attention.

— Je sais — répondit Rose — qu'une dame est véritablement venue, et qu'elle a acheté un chapeau.... J'entendais les deux voix par la porte entr'ouverte... — Quant aux dentelles — ajouta-t-elle en jetant à Claire un regard courroucé, — si elles ne sont plus où elles devraient être, ce n'est pas moi, bien sûr, qui les ai prises, et si cette demoiselle refuse de dire ce qu'elles sont devenues, il y a quelqu'un qui doit le savoir et à qui on pourrait le demander...

L'orpheline, la tête perdue, écoutait, entendait sans comprendre.

Par instants elle croyait faire un mauvais rêve.

— Quelqu'un ? — répéta le commissaire — Qui donc?

— Pardine !... le jeune homme, le beau garçon, qui attendait cette demoiselle dans la rue, sur le trottoir.

Claire tressaillit de tout son corps.

L'allusion faite à Adrien Couvreur venait de raviver sa pensée.

— C'est un mensonge ! — s'écria-t-elle — personne ne m'attendait...

— Taisez-vous ! — dit le magistrat impérieusement.

Puis, s'adressant à Rose, il demanda :

— De quel jeune homme est-il question?... Comment l'avez-vous vu ?

— Monsieur le commissaire, voici la chose... — Je me trouvais à balayer dans la chambre de la patronne, qui est au-dessus du magasin... — J'avais ouvert la fenêtre, rapport à la poussière, et je regardais dans la rue juste au moment où sortait la dame qui avait acheté un chapeau... — Cette dame remontait du côté du boulevard, son carton à la main... — Alors un jeune homme, qui allait et venaît en face, de l'air d'un particulier qui guette quelque chose traversa la chaussée et s'approcha de la porte du magasin.

Rose s'interrompit :

— Et ensuite ? — fit le magistrat contrarié de ce temps d'arrêt.

— Ensuite la porte s'ouvrit, et cette demoiselle vint parler au jeune homme...

— Est-il entré ?

— Quant à ça, je ne pourrais pas dire...

— Avez-vous vu Claire Gervais lui remettre un paquet ?

— Non, monsieur... — J'avais des côtelettes sur le feu... je quittai la chambre pour descendre à la cuisine qui est là derrière... — Un instant après, j'entendis la porte du magasin se refermer, et j'appelai cette demoiselle qui vint me rejoindre pour déjeuner... Elle avait l'air tout je ne sais comment. J'ai bien vu sur sa figure qu'il se passait quelque chose de pas trop édifiant... Mais quoi ? — je ne pouvais point le deviner...

— Oh ! mon Dieu !... oh ! mon Dieu !... — balbutia l'orpheline, les mains crispées, les yeux hagards. — Qu'ai-je donc fait pour mériter cela ?...

— Je comprends... — dit le commissaire après un silence ; — De pareils vols, accomplis de cette façon, sont fréquents... Un complice attend dans la rue... — la voleuse ouvre la porte, lui passe l'objet volé, et il il disparaît en l'emportant... — C'est simple et c'est pratique !

X

— Mais, monsieur, ce que vous supposez n'existe pas ! — s'écria Claire. — Je n'ai rien volé... je n'ai point de complice, je n'en peux point avoir, puisque je n'ai commis aucun crime !...

— Quel est le jeune homme auquel on vous a vu parler ? — demanda le magistrat sans accorder la moindre attention aux protestations de l'accusée.

Claire allait répondre.

Elle s'arrêta au moment où les paroles venaient sur ses lèvres.

Que devait-elle dire ?

Nommer Adrien ? — Était-ce possible ?

Questionnée par madame Thouret le matin au sujet de l'emploi de son après-midi de la veille, elle avait répliqué : — *J'ai travaillé chez moi, très tard...*

Donc, elle avait menti.

Avouer un mensonge, n'était-ce pas en faire soupçonner d'autres ?

En quoi Adrien pourrait-il la justifier ?

Il certifierait qu'ils n'étaient revenus de la campagne qu'à minuit, et qu'elle n'était point coupable... — A quoi bon affirmer ce qu'on ne peut prouver ?

Ne regardait-on pas déjà, d'ailleurs, le jeune homme comme son complice ?

Au lieu de l'accuser seule, on les accuserait tous les deux ; voilà l'unique résultat qu'il fallait attendre !

Elle devait se taire et ne nommer Adrien à aucun prix !...

Ces pensées se succédèrent dans l'esprit de l'orpheline en beaucoup moins de temps que nous n'en avons mis à les écrire.

— Je vous ai posé une question — reprit le commissaire. — Quel est le jeune homme qui vous attendait dans la rue ?

— Personne ne m'attendait, monsieur.

— Ah ! par exemple, en voilà une sévère !! — dit la servante en riant. — J'avais donc la berlue, moi ?...

— Vous refusez de nous apprendre le nom de votre complice ?

— Oh ! monsieur — répliqua Claire arrivée au paroxisme du désespoir — vous voyez bien que je suis perdue, puisque tout tourne contre moi, et que tout m'accable !... — Quand je vous dis que je n'ai rien pris, et que par conséquent je ne puis avoir de complice, vous ne voulez point me croire !... — Faites de moi ce que vous voudrez, monsieur, mais ne m'imposez pas plus longtemps le supplice que j'endure... il est au-dessus de mes forces !...

— Assez de phrases de théâtre !... Ces scènes de mélodrame sont inutiles... — On vous fera bien parler !... — Où demeurez-vous ?...

— Rue des Lions-Saint-Paul, numéro 27.

— On fera une perquisition chez vous... mais, d'abord, on va vous fouiller.

Claire poussa un cri.

— Me fouiller — dit-elle ensuite — porter la main sur moi !... Quelle honte ! je ne veux pas !...

— Il ne s'agit point de votre volonté, et toute résistance serait inutile...

L'orpheline laissa tomber sa tête sur sa poitrine. — Elle était écrasée, anéantie, comme morte.

Ce fut la *première* du magasin de modes, mademoiselle Irma, qui, sur un signe du magistrat, se dévoua pour explorer les poches de l'ouvrière.

Dans ces poches on ne trouva qu'un portemonnaie contenant une quinzaine de francs — toute la fortune de Claire ! — un mouchoir et une clef.

— Qu'est-ce que c'est que cette clef ? — demanda le commissaire en s'en emparant.

— Celle de mon logement... — balbutia la jeune fille, dont les dents claquaient.

— Je la garde — dit le magistrat, puis s'adressant aux deux sergents de ville, il ajouta :

— Au poste !

L'orpheline, galvanisée en voyant les gardiens de la paix s'approcher d'elle, fit un bond.

— Au poste !... — répéta-t-elle d'une voix étranglée. — Vous m'envoyez au poste !... On m'arrête... on va m'emmener !... Oh ! monsieur, par pitié... par grâce... n'ordonnez pas cela !... Vous me tuez, monsieur... Vous tuez une innocente...

Et, voyant que le magistrat, convaincu de sa culpabilité, demeurait impassible, elle reprit, en tendant vers madame Thouret ses mains suppliantes et en tombant à genoux devant elle :

— Madame, au nom du ciel, intercédez pour moi !... Je ne vous ai rien pris, madame, et j'étais si heureuse, si reconnaissante de vos bontés pour moi... si reconnaissante !... Ne trouverai-je pas des paroles pour vous convaincre... pour vous émouvoir?... — Je suis innocente et on m'arrête... C'est la prison... c'est la cour d'assises... J'irai m'asseoir sur le banc des voleuses... Je serai condamnée peut-être... déshonorée à coup sûr... et je ne suis pas coupable !... Comprenez-vous cela, madame?... — Soyez bonne et généreuse... il suffirait d'un mot de vous pour me rendre libre... — Dites ce mot... ayez pitié... Je ne vous ai rien fait...

— Vous m'avez volée ! — répliqua durement madame Thouret. — Point de pitié pour les voleuses !

Claire chancela, étendit les bras, ne trouva rien à sa portée pour se soutenir, et s'abattit sans connaissance.

— Enlevez-la ! — ordonna le commissaire. — Et au poste ! — Qu'on aille chercher une voiture.

Cet ordre fut à l'instant même exécuté.

Au moment où la voiture emmenant Claire évanouie s'éloignait du magasin de modes, un fiacre à deux places, qui stationnait depuis un certain temps en face de ce magasin de l'autre côté de la rue, et dont les stores étaient abaissés, s'ébranla et gagna le boulevard qu'il suivit jusqu'au faubourg Montmartre, d'où il gagna la rue Geoffroy-Marie.

A la porte du numéro 1, il fit halte.

L'un des stores se souleva, une des portières s'ouvrit et deux personnes mirent pied à terre, Placide Joubert et une femme voilée.

Tous deux entrèrent dans la maison et gravirent l'escalier conduisant aux bureaux de l'homme d'affaires.

Placide introduisit sa compagne et la mena jusqu'à son cabinet particulier dont il ferma soigneusement, au verrou, la porte derrière eux.

Lucienne — que nos lecteurs ont certainement reconnue — souleva son voile.

Elle était d'une pâleur mortelle.

Joubert, aussi pâle que sa complice, se laissa tomber sur un siège et essuya son front mouillé de sueur.

— Vous allez me prendre pour une femmelette — dit-il avec un ricanement — mais, parole d'honneur, cela m'a fait mal...

— Je n'avais pas le choix des moyens... — répliqua Lucienne. — Vous vouliez qu'elle fût déshonorée... C'était abominable... C'est fait...

— C'est la cour d'assises pour la malheureuse... la prison...

— Avez-vous des remords, à cette heure ? Regrettez-vous d'avoir mis une barrière infranchissable entre votre imbécile de fils et cette fille ? — Ce serait d'autant plus fâcheux qu'il est impossible, à cette heure, de revenir en arrière...

— Non — répliqua Joubert en faisant un violent effort pour rentrer dans sa nature de coquin sans préjugés — non, je n'ai pas de remords, et je ne regrette rien... — Cette fille était gênante, on l'a supprimée... tant pis pour elle ! — Ici-bas, chacun pour soi !

— Et le diable pour tous ! — murmura Lucienne en souriant. — Trouvez-vous que je vous aie servi avec intelligence ? — ajouta-t-elle à haute voix.

— Vous avez réalisé une chose qui me semblait impossible ! — Je vous admire ! Le génie du mal est en vous !

— Alors, réglons nos comptes...

— A l'instant.

Cinq minutes plus tard Lucienne Bernier sortait de chez l'homme d'affaires de la rue Geoffroy-Marie en emportant un chèque qu'elle allait toucher au Crédit Lyonnais avant de rentrer chez elle.

Le nouvel évanouissement de Claire dura plus longtemps que le premier, et le mouvement de la voiture n'eut point pour résultat de le faire cesser.

Quand elle reprit connaissance au bout de plus d'une heure, elle se trouvait dans une obscurité presque complète, entre quatre murailles nues.

C'était le *violon* du poste où elle avait été conduite, et où elle devait attendre le passage de la voiture cellulaire, vulgairement nommée *panier à salade.*

En même temps que la connaissance, la mémoire lui revint.

Elle se sentit perdue — perdue sans espoir et sans ressources.

— Ainsi — balbutia-t-elle, tandis que de grosses larmes tombaient de ses yeux rougis et coulaient sur ses joues — ainsi, c'est bien vrai, je suis arrêtée... Je suis en prison... je serai jugée comme voleuse, et comme voleuse condamnée! oui, condamnée, et je n'aurai pas seulement un mot à dire pour ma défense !... Et je n'aurai pas le droit de me plaindre de l'injustice des hommes !...

« Tout est contre moi !...

» Tout m'accuse !...

» Les apparences m'écrasent !... — Elles sont fausses, mais qui peut le savoir, excepté moi?...

» Ces dentelles, je les ai tenues dans mes mains... je les ai montrées... je les ai remises dans le carton... j'ai replacé ce carton... et elles n'y sont plus !... Elles n'y sont plus !... — C'est à devenir folle !... »

XXI

Claire avait pris sa tête dans ses mains et la serrait à briser ses tempes...

Tout à coup, elle tressaillit et une lueur s'alluma dans ses yeux mornes.

— Elles n'y sont plus !... — répéta-t-elle. — Mais s'y trouvaient-elles bien encore quand j'ai remis le carton à sa place ?... — Pendant quelques secondes je me suis absentée, je m'en souviens... Je suis allée dans l'atelier chercher une boîte pour le chapeau de cette acheteuse inconnue... le carton était là, devant elle, tout ouvert, sur le comptoir... — Si elle avait volé les dentelles ?... — Oui, cela pourrait être... cela doit être... Mais je ne la connais pas, moi, cette femme!! Le commissaire a refusé de me croire quand j'ai parlé d'elle... les juges ne me croiront pas plus que lui, ils soutiendront, comme lui, que j'avais un complice et que ce complice attendait dans la rue, à la porte du magasin, pour recevoir de moi les dentelles volées.

— Adrien, lui, sait bien que c'est faux, et il le dirait... Hélas! le dire, à quoi bon? puisqu'il ne pourrait pas le prouver... On l'accuserait aussi, lui... on l'arrêterait peut-être... Mieux vaut qu'il ignore tout... Mais pourra-t-il ignorer que je suis en prison?... Ne m'entendra-t-il point appeler voleuse?... N'arrivera-t-il pas à douter de moi?.. Ne deviendrai-je pas pour lui un objet d'horreur et de dégoût?... Ah! c'est horrible, tout cela!... Mieux vaudrait cent fois mourir que de souffrir ainsi, et cependant je suis innocente... Pourquoi Dieu m'abandonne-t-il?...

La tête de la pauvre enfant retomba de nouveau sur sa poitrine, que soulevaient des sanglots convulsifs.

La porte du *violon* s'ouvrit.

Claire se dressa toute tremblante.

— Vous voilà debout! — dit un agent. — Ça va mieux, à ce qu'il paraît. Eh! bien, avancez. — *Le panier à salade* est là...

L'orpheline, d'un pas chancelant, sortit du violon, puis du poste.

La voiture cellulaire stationnait au bord du trottoir, entourée de curieux qui regardaient et qui ricanaient.

Claire, se voyant montrée du doigt, exposée aux huées des passants, fit un effort et s'élança dans le sinistre véhicule.

Une heure plus tard elle était écrouée au dépôt de la Préfecture, et l'un de ces désespoirs mornes qui conduisent au suicide s'emparait d'elle.

*
* *

Bonichon, l'agent de Jacquier, avait conclu des renseignement donnés que Marie-Jeanne, la jeune blanchisseuse de Bonneuil en passe de devenir une horizontale de petite marque, reviendrait de la campagne le dimanche soir ou le lundi matin.

En conséquence le lundi, vers deux heures, il se présentait à la maison du boulevard Saint-Michel.

— Mademoiselle Marie-Jeanne? — demanda-t-il à la concierge.

— Elle vient de rentrer, il y a tout au plus cinq minutes... — Vous pouvez monter...

— A quel étage?

— Au second, la porte à gauche.

Bonichon monta et sonna.

Ce fut l'ex-blanchisseuse elle-même qui vint lui ouvrir.

Marie-Jeanne était une jolie brune de seize à dix-sept ans, aux grands yeux noirs, très vifs, aux lèvres rouges, aux dents magnifiques.

De taille moyenne et fort bien faite, elle aurait été de tout point charmante sans un je ne sais quoi de vulgaire dans les attitudes, de commun dans les allures, qui contrastaient d'une manière fâcheuse avec sa beauté.

— C'est à mademoiselle Marie-Jeanne que j'ai le plaisir de parler ? — demanda Bonichon en saluant.

— Oui, monsieur... c'est moi-même qui la suis, Marie-Jeanne... — Qu'est-ce que vous me voulez ?

— Obtenir de vous, mademoiselle, un moment d'entretien...

— Pourquoi ?

— Pour affaires particulières.

— Concernant quoi ?

— Je ne puis m'expliquer sur le carré.

— Mais enfin, de la part de qui venez-vous ?

— De la part de mon patron, qui est homme d'affaires...

— Je n'ai rien à démêler avec les hommes d'affaires... tous filous, ces gens-là... à ce qu'on dit...

— Mon patron fait exception...

— Tant mieux pour lui ! Qui lui a donné mon adresse ?

Bonichon résolut de mettre un terme à cette avalanche de questions, en frappant un grand coup.

— L'Assistance publique, mademoiselle ! — répondit-il.

Marie-Jeanne se troubla. — Ses joues rosées se décolorèrent instantanément.

Elle eut peur.

On la cherchait évidemment, puisque si vite on l'avait trouvée ! — Elle était en rupture d'apprentissage. — Qui sait si on ne pouvait pas l'arrêter ?

— Entrez, monsieur... — dit-elle.

Et, après avoir introduit le visiteur dans un petit salon, dont le mobilier quoique assez coquet manquait de distinction, lui aussi, elle demanda d'une voix un peu tremblante :

— Ainsi, monsieur, c'est l'Assistance publique qui vous expédie ?

— Nullement.... — C'est mon patron, je vous l'ai déjà dit... — Si j'ai parlé tout à l'heure de l'Assistance publique, c'était pour vous forcer à me recevoir... — Elle ne sait rien, l'Assistance publique, pas même que vous avez quitté madame Ligier, la blanchisseuse de Bonneuil, et elle ne le saura que quand nous le voudrons.

— Mais enfin — reprit la jeune fille, un peu rassurée — qu'est-ce qu'il vous envoie faire chez moi, votre patron ?

— Vous apporter la fortune... — répliqua Bonichon carrément.

— La fortune ! — s'écria Marie-Jeanne — Sous quelle forme ?

— Sous la forme d'une succession...

— Conséquente ?...

— Oui.

— Cent mille francs, peut-être ?

— Vous n'y êtes pas.

— Deux cent mille ?

— Ce ne serait qu'une goutte d'eau...

— Trois cent... quatre cent ?...

— Beaucoup plus... — Ça dépasse deux millions...

— Deux millions ! — répéta Marie-Jeanne en riant d'un gros rire et en mettant ses poings sur ses hanches avec un geste que n'aurait point désavoué la fille de madame Angot. — Vous vous fichez de moi !...

— Par exemple !

— Histoire de vous divertir un brin à mes dépens ! Mais vous faites chou-blanc ! je ne crois pas un mot de votre menterie !

— Lorsque vous aurez vu mon patron, vous serez bien forcée de croire...

— Où demeure-t-il votre patron?

— Rue Bleue...

— Eh bien, allons chez lui tout de suite...

Et Marie-Jeanne remettait son manteau et son chapeau, jetés par elle sur un meuble, en rentrant.

— Une question, d'abord... — dit Bonichon — Etes-vous dans vos meubles, ici?

— Non... — En garni.

— Vous ne devez rien?

— Il y a deux mois payés d'avance... — Pourquoi me demandez-vous cela?...

— Vous le saurez plus tard... — Partons...

Bonichon et la jeune fille descendirent ensemble, arrêtèrent une voiture qui passait à vide et qui prit le chemin de la rue Bleue.

Chemin faisant, Marie-Jeanne renoua l'entretien.

— Vous m'avez parlé d'un gros héritage! — dit-elle. — D'où viendrait-il?

— Je n'ai pas mission de vous faire connaître le secret de votre naissance... — répliqua l'agent de Jacquier.

— Le secret de ma naissance!... — répéta la

ci-devant blanchisseuse avec une émotion spontanée — Mais je suis une enfant trouvée, moi ! — aurait-on mis la main par hasard sur papa ou sur maman ?

— Peut-être...

— Il ne s'agit pas de *peut-être*... est-ce *oui* ou *non* ? — Expliquez-vous.

— Je vous assure que je ne sais rien...

— Mais ce fort sac de plus de deux millions ?

— Le patron vous expliquera tout çà...

— Ce fiacre ne marche pas !... — criez donc au cocher de taper sur sa bête !

Vingt minutes plus tard — minutes qui semblèrent interminables à l'impatience de Marie-Jeanne — on arrivait au cabinet d'affaires de la rue Bleue, Bonichon priait la jeune fille de s'asseoir un moment dans l'étude, et lui-même pénétrait auprès de son patron.

— Eh bien ? — lui demanda celui-ci — Quoi de nouveau ?

— Beaucoup de nouveau, patron !... Elle est là...

— Marie-Jeanne ?

— Oui.

— Qu'elle entre !... qu'elle entre bien vite !...

XXII

— Un instant donc, patron, s'il vous plaît ! — répliqua Bonichon vivement. — Laissez-moi vous mettre au courant... — Ce ne sera pas long...

Et il analysa en quelques mots son entretien avec la ci-devant blanchisseuse de Bonneuil.

— C'est au mieux — fit Jacquier. — Maintenant amenez la jeune fille, et restez ici avec elle...

Bonichon introduisit Marie-Jeanne dans le cabinet de l'homme d'affaires qui l'accueillit avec un salut de dignité première, lui avança lui-même un fauteuil, et lui dit d'un ton onctueux :

— Veuillez vous asseoir auprès de moi, mademoiselle. — Nous avons à causer longuement, et soyez certaine que cet entretien sera des plus intéressants, et son résultat des plus heureux pour vous...

— Monsieur, que voilà, m'a raconté qu'il s'agissait d'un héritage. — fit Marie-Jeanne sans trop d'embarras.

— D'un héritage important que vous êtes appelée à recueillir, et de bien d'autres choses encore ; — j'ai des explications à vous donner à ce sujet, mais je dois auparavant vous adresser quelques questions...

— Je suis prête à vous répondre, monsieur...

—Remontez, je vous prie, le cours de votre existence, interrogez votre mémoire, reportez-vous à l'époque de votre jeune âge, et apprenez-moi ce que vous voyez...

— Fort peu de choses — répondit Marie-Jeanne. — Il me semble pourtant me souvenir de mon père et de ma mère...

— C'est-à-dire de ceux à qui vous aviez été confiée peu de jours après votre naissance... — interrompit Jacquier.

— N'étaient-ils donc point mes parents ?

— Non, mademoiselle... si toutefois vous êtes, comme tout semble l'indiquer, la personne que nous cherchons... — Ou habitiez-vous avec ceux que vous preniez pour votre père et pour votre mère ?...

— Je n'en sais rien... — je me souviens d'une seule chose...

— Laquelle...

— C'est que je voyais passer beaucoup d'enterrements dans la rue...

— Rue de la Roquette, n'est-ce pas ?

— Peut-être bien...

— Oui... oui... ce doit être cela... — appuya Jacquier, dont les questions avaient un double but : se renseigner lui-même autant que possible et donner à Marie-Jeanne, sans qu'elle s'en doutât, une leçon pour l'avenir en l'habituant à répondre dans un certain sens.

Il ajouta :

— Celui que vous considériez comme votre père ne se nommait-il point Prosper Richaud ?

— Richaud... — répéta la jeune fille en fouillant sa mémoire.

— Ce nom vous frappe, n'est-ce pas ?

— Je cherche...

— Oui, cherchez bien... Il est impossible que le nom de Prosper Richaud ne se dégage point peu à peu des brumes du passé, pour devenir net et distinct... Ce travail se fera dans votre esprit, j'en suis sûr...

— C'est possible en effet...

— Dites que c'est certain !... Vous souvenez-vous du moment où vous avez été trouvée, recueillie?

— Oh! ça, oui, par exemple ! — C'était pendant la guerre... j'entendais des grands bruits sourds et des claquements secs qui me faisaient peur... j'ai su depuis que c'étaient des coups de canon et des coups de fusil... — Je voyais des soldats passer en courant... — Je criais... je pleurais... je tombais...

— Oui, vous tombiez sur une barricade, blessée, à côté de Prosper Richaud et de sa femme, tués tous les deux, ainsi qu'en font foi les procès-verbaux et les actes de décès...

— J'ai été blessée, c'est vrai.... — J'ai une cicatrice à l'épaule...

— Aucun doute n'est plus permis ! — s'écria Jacquier avec un feint entraînement. — Vous êtes bien la fille d'Isaure-Pauline de Rhodé, issue d'une famille noble...

— Je suis d'une famille noble, noble, moi !.. — fit Marie-Jeanne avec une stupeur comique. — Ah ! sapristi ! en voilà une bien bonne !...

— La chose est certaine, mademoiselle... Et votre mère existe...

— Ma mère !... Ma mère existe !... — dit ou plutôt balbutia la jeune fille avec une émotion sincère... — Vous la connaissez ?

— Je la connais... — Hélas ! la pauvre femme est aveugle depuis quinze ans !...

— Aveugle! ma mère !... — Oh! comme elle est à plaindre !... — Mais je ne l'en aimerai que mieux !... Vous me conduirez auprès d'elle, n'est-ce pas, monsieur? Je pourrai la voir, l'embrasser... — Ah! monsieur, retrouver ma mère...
— Voilà une pensée qui me remue de la tête aux pieds... qui me bouleverse... qui me rend heureuse... qui me fait regretter bien des choses... Ah! si j'avais su!... si j'avais su!... Mais je changerai ce qu'il faut changer, monsieur, je le jure !...

— Je comprends cela, mademoiselle, et je vous approuve... — Oui, je vous rendrai votre mère... Mais il faut que vous ayez confiance en moi, que vous vous laissiez guider par moi...

— Oh! tout ce que vous voudrez, monsieur, pourvu que j'embrasse ma mère! — murmura la jeune fille en essuyant ses yeux pleins de larmes ; puis elle ajouta :

— Comment ça se fait-il que nous ayons été séparées ?...

— Vous lui avez été enlevée par un de ses parents presque au moment de votre naissance...
— On ignorait ce qu'il avait fait de vous... — Toutes les démarches de votre mère pour vous retrouver étaient restées sans résultats et c'est seu-

lement à la mort du parent en question que j'ai pu être mis sur vos traces...

— Oh ! monsieur, que je vous dois de reconnaissance !

— Nous parlerons de cela plus tard... Je continue : Donc votre oncle, le comte de Rhodé, est mort, et hanté sans doute par le remords de la mauvaise action qu'il avait commise, il s'est mis en tête de la réparer en écrivant un testament par lequel il lègue, à vous sa fortune entière, à votre mère l'usufruit de cette fortune qui dépasse deux millions...

— Deux millions ! — répéta Marie-Jeanne éblouie par ce chiffre, quoiqu'elle fût tout à fait incapable de se rendre compte de la grosse somme qu'il représentait. — Et je vais avoir à moi tant d'argent ?

— Oui, mademoiselle ! — Pour vous mettre en possession de cet héritage, il fallait vous retrouver. — Nous n'avons épargné ni les peines, ni les démarches, ni les dépenses ! — Enfin nous sommes arrivés à notre but, vous le voyez, et c'est à nous que vous devrez votre position nouvelle et votre fortune !...

— Oh ! monsieur, je suis prête à vous en témoigner toute ma reconnaissance ; je vous devrai la fortune... il sera bien juste que vous en ayez une part...

— Nous causerons de cela, mademoiselle, en temps et lieu... — continuons...

— Tout n'est-il donc pas fini ? — s'écria Marie-Jeanne — j'ai tant de hâte d'embrasser ma mère...

— Cette impatience, dont je vous félicite, fait l'éloge de votre cœur... — mais le moment n'est point encore venu...

— Qui donc le retarde ?

— Nous devons, en vous conduisant à votre mère, lui porter les actes qui prouvent que vous êtes bien sa fille...

— Ne les avez-vous pas ?

— Non... — il nous faut le procès-verbal constatant que vous avez été recueillie blessée sur une barricade... l'acte mortuaire de Prosper Richaud et celui de sa femme, et enfin le relevé du registre de l'Assistance publique sur lequel vous avez été inscrite sous un numéro d'ordre...

— Vous êtes obligé de vous adresser à l'Assistance publique ? — demanda Marie-Jeanne effarée.

— Oui, mademoiselle ; mais ne tremblez pas — je vous affirme que vous n'avez absolument rien à craindre...

Bonichon prit la parole.

— Il nous faut aussi — dit-il — la médaille que vous portiez au cou lorsque vous avez été recueillie... — Cette médaille servira, plus que toutes les autres pièces, à prouver votre identité.

— Cette médaille, je l'ai laissée à Bonneuil — répliqua la jeune fille — je l'ai laissée entre les mains de madame Ligier.

— Je le savais, et nous l'aurons...

— Alors, pour aller voir ma mère, il faut attendre que vous ayez tout cela ?

— Oui, mademoiselle... — répondit Jacquier.

— Et combien de temps durera cette attente ?

— Deux jours... trois au plus...

— Si longtemps !... — Cependant vous devez comprendre, monsieur, combien est grande mon impatience d'embrasser ma mère...

— Je le comprends, mademoiselle, et je ferai tout ce qui dépendra de moi pour en abréger la durée...

— Je me résigne, monsieur ; mais j'ai le cœur bien gros.

Marie-Jeanne se leva, et commença un mouvement de retraite.

— Qu'allez-vous faire, mademoiselle ?... — lui demanda vivement Jacquier.

— Retourner chez moi, monsieur, et attendre que vous envoyiez quelqu'un me prévenir...

XXIII

Jacquier et Bonichon levèrent à la fois les mains vers le plafond, avec un ensemble digne des danseuses de l'Eden, puis Jacquier s'écria :

— Retourner chez vous!!

— Mais sans doute... — dit Marie-Jeanne.

— Vous n'y pensez pas, mademoiselle!...

— Pourquoi donc?

— Parce que la chose est impossible! littéralement impossible...

— Impossible de retourner chez moi!... En voilà une sévère!...

— A moins — reprit Jacquier, — qu'il ne vous soit égal de retomber sous la coupe de l'Assistance publique, car c'est à votre logement du boulevard Saint-Michel, sans le moindre doute, qu'elle ira vous chercher...

— Mais, monsieur — demanda la jeune fille —

qu'est-ce que j'ai donc à craindre de l'Assistance publique, puisque vous me faites retrouver ma mère ?

— Ce que vous avez à craindre, mon enfant ? — Les choses les plus graves ! — l'Assistance publique ne plaisante pas ! — Vous êtes mineure... vous dépendez d'elle absolument ! — Elle vous avait placée chez madame Ligier... Vous avez pris la clef des champs... En raison de cette escapade elle vous ferait bel et bien arrêter par la police et mettre en prison, et vous y resteriez jusqu'au moment où votre mère aurait fait valoir ses droits sur vous... Comprenez-vous quelle serait alors l'étendue de votre malheur? Votre mère ne pourrait manquer d'apprendre que vous avez quitté madame Ligier pour suivre un amant... La pauvre femme, en vous retrouvant, saurait combien vous avez été coupable, et la connaissance de votre faute mêlerait une immense amertume à la douceur de ses premiers baisers ! — Est-ce cela que vous voulez ?

— Oh ! non ! non !... — s'écria la jeune fille en cachant son visage dans ses mains — que ma mère ignore tout, sinon je mourrais de honte en sa présence ! ! — Pour cela, que faut-il faire ?

— Il faut tout simplement que vous soyez introuvable pendant les trois jours nécessaires pour me procurer les pièces qui rendront indiscutable votre identité et me permettront de vous conduire à votre mère. — Dès que vous serez auprès d'elle, nous deviendrons les maîtres de la situation. — J'irai trouver le directeur de l'Assistance publique et je lui dirai que si vous avez quitté madame Ligier c'est par amour filial, pour aller vous jeter dans les bras maternels... — La faute que vous avez commise restera donc cachée et votre mère, votre pauvre mère, pourra l'ignorer toujours...

— Oui... oui, monsieur... Vous avez raison... Je me conduirai d'après vos conseils... Où vais-je aller ?

— Vous allez rester ici, chez moi, auprès de ma femme, qui aura grand soin de vous...

— Sans doute... — bégaya Marie-Jeanne, prise d'un embarras soudain et baissant les yeux avec une pudeur dont elle ne soupçonnait point l'existence jusqu'à ce jour — mais il y a... quelqu'un... celui qui...

Elle s'arrêta.

— M. le vicomte de Quercy... — acheva Jacquier en souriant. — Eh bien! il faut l'oublier... pour le moment, du moins... — Qui sait s'il ne sera pas très enchanté de vous épouser plus tard...

— Il va me chercher...

— Peu importe, puisqu'il ne vous trouvera pas...

— Je n'ai pas de vêtements ici, monsieur... pas de linge... pas d'argent...

— Madame Jacquier pourvoira à tout... D'ailleurs, je vous le répète, deux ou trois jours sont bien vite passés... Dans trois jours vous embrasserez votre mère...

L'homme d'affaires ajouta, mais tout bas :

— Et, dans trois jours, Placide Joubert sera battu à plates coutures !...

— Je me résigne... — fit Marie-Jeanne. — Je n'agirai que d'après vos conseils !...

— Vous vous en trouverez bien, mademoiselle !...
— Je vais vous conduire auprès de ma femme; mais, auparavant, revenons à une chose que vous me disiez tout à l'heure...

— Quelle chose, monsieur?

— Vous me disiez... — ce sont vos propres expressions : — *Je vous devrai la fortune... il sera bien juste que vous en ayez une part !*

— Ah! je le répète, et de bon cœur! — s'écria Marie-Jeanne. — Quand je serai riche, quelle somme voulez-vous que je vous donne?

— C'est à vous, mademoiselle, qu'il appartient de fixer cette somme...

— Je ne sais pas, moi... — je ne connais rien à la valeur de l'argent, n'en ayant jamais eu... — Vous me rendez service en me disant un chiffre...

— Serait-ce trop de vous demander cent mille francs, après vous avoir mis en possession d'un héritage de plus de deux millions ?...

— Bien sûr que non, monsieur, ce ne serait pas trop...

— Je vais donc préparer, dans ce sens, un petit acte que vous signerez...

— Des deux mains monsieur !... des deux mains !...

— Une seule suffira ! — fit Jacquier en riant.

Et il conduisit la jeune fille à madame Jacquier, qu'il mit en quelques mots au courant de la situation.

Au bout de cinq minutes il rentrait dans son cabinet.

— Compère Bonichon — dit-il à son agent en lui frappant sur l'épaule — vous êtes un malin, et vous serez récompensé suivant vos mérites !... Nous touchons au port. Vite en chasse pour les actes et pour la médaille !

— Avant quarante-huit heures, patron, nous aurons tout cela !

*
**

Adrien Couvreur s'était rendu le lundi matin à

son atelier de la rue du Montparnasse. — Il se mit à travailler d'arrache-pied, abattit beaucoup de besogne et, à trois heures, il demanda à son patron la permission de s'absenter, permission qui lui fut accordée sans discussion.

Il allait au rendez-vous assigné par Placide Joubert pour signer l'acte d'achat de la petite maison des îles Sainte-Catherine.

Le rendez-vous étant au faubourg Montmartre, la rue Caumartin ne se trouva point du tout sur son chemin.

Il y passait pourtant, espérant apercevoir Claire Gervais derrière les vitrages de madame Alexandrine Thouret.

Son espoir fut déçu.

Claire n'était point dans le magasin.

— Elle est en course, sans doute... — se dit Adrien, et il hâta le pas.

Une heure après, l'acte étant signé et les premiers fonds versés, Couvreur se trouvait propriétaire et recevait de Joubert une lettre préparée d'avance pour le jardinier de Port-Créteil chargé de lui remettre les clefs.

Il était en ce moment six heures et demie.

Le jeune homme n'avait que juste le temps de dîner pour aller ensuite attendre Claire à la sortie de son magasin. — Après un repas frugal, il se rendit rue Caumartin.

La modiste se trouvait seule à son comptoir, dans le magasin brillamment éclairé.

Pourquoi donc Claire ne travaillait-elle point?

Inquiet, Adrien se mit à se promener de long en large, faisant cinquante pas, puis revenant. — Claire restait invisible. — Le temps marchait.

Huit heures sonnèrent.

L'une après l'autre, les ouvrières partirent.

Madame Thouret quitta son comptoir et appela Rose, qui vint poser les volets du magasin.

Le cœur d'Adrien se serra.

La boutique était close.

A l'intérieur, les lumières s'éteignirent.

— Voilà qui est étrange ! — murmura le jeune homme. — Que se passe-t-il ? — Claire est-elle souffrante?

Il attendit encore, agité, fiévreux, en proie à une indicible angoisse ; il continua sa promenade saccadée, ou plutôt sa faction, jusqu'à dix heures, et alors seulement, certain que son attente serait vaine, il s'éloigna et prit le chemin de la lointaine rue Malher, où il demeurait.

Tout en marchant avec lenteur, la tête basse, la poitrine oppressée, il monologuait.

— Claire est malade certainement... — se disait-il. — Cette sortie d'hier, cette longue marche à laquelle elle n'était point habituée, l'auront fatiguée au delà de ses forces... — La chère mignonne est d'une nature délicate qui demande beaucoup de ménagements... — Nous sommes revenus un peu tard... Il faisait un temps glacé... Elle aura pris froid peut-être... Mon Dieu !... Mais un refroidissement c'est quelquefois très grave !... — Et je ne sais pas son adresse... Elle m'a défendu de l'accompagner jusqu'à sa porte, et j'ai eu la sottise de lui obéir...

« Si je la connaissais, cette adresse, je pourrais au moins questionner, me renseigner, me rassurer peut-être et, dans le cas où elle serait souffrante, lui prodiguer mes soins... lui venir en aide de mon argent, qu'elle n'aurait point le droit de refuser puisqu'elle est ma fiancée !... Mais je ne sais rien !... je ne puis rien savoir ! — Il faut rester avec l'incertitude et l'angoisse !... c'est à se briser la tête contre la muraille !

Adrien, désespéré, voyant tout en noir, agité des plus sombres pressentiments, rentra chez lui et se mit au lit.

Nous croyons à peu près superflu d'ajouter que, de toute la nuit, il ne put fermer l'œil.

XXIV

Le lendemain matin, dès sept heures et demie, Adrien Couvreur arrivait rue Caumartin et, afin de ne point se faire remarquer par ses allées et venues continuelles, il entrait dans un petit café-restaurant situé juste en face du magasin de madame Thouret, et se faisait servir un bouillon.

Il vit le magasin s'ouvrir, les ouvrières entrer, la modiste disposer les chapeaux dans les vitrines.

Claire n'apparaissait toujours pas.

— Décidément elle est malade... — se dit Adrien. Si je demandais son adresse j'irais chercher de ses nouvelles... je mettrais fin à cette incertitude qui me brise... mais, si elle le sait — (et comment ne le saurait-elle pas ?) — elle m'en voudra, et elle aura raison, car un jeune homme allant demander l'adresse d'une jeune fille chez sa patronne, cela peut faire supposer beaucoup de choses...

» Peut-être arrivera-t-elle bientôt...

» Je reviendrai ce soir et, si elle n'est pas là, j'enverrai un commissionnaire aux informations...

— Cela vaudra mieux et ne pourra compromettre Claire.

Adrien prit en toute hâte le chemin de son atelier.

Il travailla mal, avec une sorte de dégoût ; les heures lui parurent interminables.

Enfin la journée finit, et il retourna rue Caumartin où l'attendait une angoisse nouvelle.

Une jeune fille, sous la direction de madame Thouret, mettait tout en ordre dans le magasin avant la fermeture.

Cette jeune fille sortit avec un carton, et Adrien entendit la modiste lui dire, en l'accompagnant jusqu'au seuil :

— Demain matin à huit heures, pour l'ouverture... soyez exacte !

Adrien pensa :

— Mais c'est de la besogne de Claire qu'est chargée cette nouvelle venue !...

Il aurait voulu courir après elle, la questionner.
— Il n'osa pas.

— Je veux en avoir le cœur net ! — murmura-t-il tout à coup en se mettant à la recherche d'un commissionnaire.

A l'angle de la rue il en trouva un qu'il amena presque en face du magasin de madame Thouret.

— Vous allez aller chez cette modiste — lui dit-il — et vous demanderez où demeure mademoiselle Claire Gervais... Le nom est écrit sur ce morceau de papier... — Vous ajouterez que c'est une dame qui vous envoie... — Je vais vous attendre au petit café que voilà.

— Bon. — J'y vais...

Le commissionnaire ouvrit la porte du magasin de modes et entra.

Derrière les vitraux du petit café Adrien le suivait du regard.

Il le vit s'adresser à madame Thouret, dont le visage s'assombrit aussitôt et dont l'attitude devint singulière.

La modiste gesticulait, semblait parler très haut, avec une colère manifeste ; puis, après un colloque assez court, d'un geste irrité elle indiqua la porte au commissionnaire. — Celui-ci s'empressa de sortir, de traverser la rue et de rejoindre Adrien qui l'attendait, en proie à une extrême émotion et qui lui demanda :

— Eh bien ?

— Eh bien ! vous me faites faire de drôles de commissions, vous, monsieur !

— Comment ?...

— J'ai été reçu comme un chien dans un jeu de quilles, et quand j'ai demandé l'adresse de la demoiselle Claire Gervais, j'ai vu le moment où cette dame allait m'arracher les yeux...

— Mais enfin qu'a-t-elle répondu ?

— Elle a répondu : — *L'adresse de cette coquine, de cette voleuse, c'est le dépôt de la préfecture de police!!*

Adrien devint livide. — Ses mains tremblèrent.

— Claire une coquine... une voleuse... — bégaya-t-il affolé. — Elle... au dépôt de la Préfecture...

— Oui, monsieur, et la patronne de la boutique m'a carrément flanqué à la porte...

Le jeune peintre, passant la main sur son front brûlant, répétait sans en avoir conscience :

— Elle, voleuse !... Elle, au Dépôt... Ce n'est pas possible...

La propriétaire du petit café avait entendu les quelques paroles que nous venons de reproduire.

Elle s'approcha d'Adrien.

— C'est cependant la vérité — dit-elle, — si vous parlez, comme je le suppose, de la demoiselle de magasin de madame Thouret... — Dans la matinée d'hier le commissaire de police de notre quartier, accompagné de son secrétaire et de deux sergents de ville, est venu l'arrêter...

— Arrêter Claire Gervais ! — balbutia Couvreur d'une voix étranglée. — Mais pourquoi ? Qu'avait-elle fait ?...

— Elle aurait, à ce qu'on prétend, volé à sa patronne deux coupons de dentelles valant plus de trois mille francs... et il paraît qu'elle avait un complice...

— C'est impossible !... c'est impossible ! — On se trompe... on accuse à tort... Claire n'a point volé...

— S'il n'y avait pas eu des preuves, on ne l'aurait pas arrêtée, monsieur, soyez-en sûr !

— Mon Dieu ! mon Dieu ! — fit Adrien en prenant son front dans ses mains que la fièvre rendait brûlantes — C'est à ne plus croire à rien sur la terre... Elle ! elle ! une voleuse !... Oh! mon Dieu !

— Vous connaissiez cette jeune fille, monsieur ?

Adrien, que les sanglots étouffaient, répondit :

— Je la connaissais... je l'aimais... et je voulais en faire ma femme...

— Pauvre jeune homme... — murmura la maîtresse du café, touchée par un chagrin d'amour comme le sont toutes les femmes.

— A qui donc se fier ici-bas ? — reprit le peintre avec désespoir. — Mais, malgré des semblants de preuves, l'accusation est peut-être fausse...

— Malheureusement non, monsieur.

— Claire a donc avoué ?

— Pas du tout ; mais la servante avait vu le complice, et quand le commissaire a demandé à la voleuse quel était le jeune homme auquel on l'avait vue parler, elle n'a jamais voulu le dire...

— Un jeune homme !... un complice !... et moi qui avais une si grande confiance en elle !... Moi qui croyais à son honnêteté comme à la mienne !...

— Ah ! on est bien trompé, allez, mon pauvre monsieur !... — il ne faut point vous faire de chagrin pour une fille qui n'en vaut pas la peine ! — Vous avez encore de la chance qu'on l'ait prise assez tôt pour vous empêcher de l'épouser !...

Adrien ne répondit pas.

Il paya le commissionnaire et la demi-tasse de café qu'il n'avait pas bue, et il s'élança dehors.

Où allait-il ?

Assurément, il ne le savait pas.

Droit devant lui, au hasard, il marchait, répétant sans cesse ces mots :

— Une voleuse... Elle... Claire... C'est impossible... impossible... impossible !...

Enfin, brisé de fatigue, il s'arrêta et se laissa tomber sur un banc, égrenant à demi-voix des phrases sans suite qui le faisaient regarder comme un fou par les passants.

Quand il reprit un peu possession de lui-même, le temps avait marché — les douze coups de minuit sonnaient aux horloges de Paris.

Adrien se leva, se rendit compte de l'endroit où il se trouvait, et d'un pas chancelant, titubant comme un homme ivre, il regagna la rue Malher.

Rentré chez lui, il ne se coucha point et passa le reste de la nuit à pleurer ses illusions perdues, ses rêves envolés, son amour flétri...

* * *

Le procès-verbal du commissaire de police remis au parquet avait été envoyé par le parquet au juge chargé d'instruire l'affaire.

Ce juge fit appeler le chef de la Sûreté et lui dit :

— Tenez-vous prêt, je vous prie, à m'accompagner rue des Lions-Saint Paul pour une perquisition, dès que j'aurai fait subir un premier interrogatoire à cette fille.

Claire — il nous paraît superflu de l'affirmer — n'avait pas fermé l'œil un seul instant.

Une pensée obsédante se présentait sans cesse à l'esprit de la pauvre enfant et ne lui accordait aucune trêve.

On l'accusait.

Comment se défendrait-elle ?

Comment essayerait-elle de prouver son innocence ?

Ses larmes et son désespoir plaideraient seuls pour elle, et cela ne suffirait point, elle ne le comprenait que trop bien, pour apporter la conviction à ses juges.

XXV

A dix heures du matin on apporta à la pauvre Claire un peu de nourriture, à laquelle il lui fut impossible de toucher.

Vers midi et demi, on vint la chercher pour la conduire à *l'instruction*.

Quand elle sortit de sa cellule, c'est à peine si ses jambes pouvaient la soutenir.

Elle tremblait de tout son corps en entrant dans le cabinet du juge.

Ce juge était un homme jeune encore, de figure douce et intelligente.

Un bienveillant sourire, stéréotypé en quelque sorte sur ses lèvres, donnait à son visage une expression de bonhomie un peu naïve, à laquelle bien des criminels s'étaient laissés prendre.

Il regarda Claire avec attention, et sous la fixité

de ce regard la jeune fille sentit son malaise augmenter.

— Asseyez-vous, — dit-il.

L'orpheline se laissa tomber sur la chaise placée en face du bureau.

L'interrogatoire commença :

— Votre nom ?

— Claire Gervais.

— Votre âge ?

— Un peu plus de seize ans.

— Où êtes-vous née ?

— Je l'ignore.

— Comment ?

— Je suis une enfant trouvée... J'ai été recueillie par une digne femme qui m'a donné son nom de Gervais et le prénom de Claire.

— Cette dame Gervais est morte ?

— Oui, monsieur.

— Où demeurez-vous ?

— Rue des Lions-Saint-Paul, numéro 27, dans le logement que j'habitais avec ma mère adoptive.

— Depuis combien de temps êtes-vous employée rue Caumartin, chez madame Thouret ?

— Depuis huit jours.

— Madame Thouret vous accuse d'un vol de coupons de dentelles...

— Elle se trompe... — L'accusation est fausse...

— Il ne s'agit pas de le dire... — il faut le prouver... Et ce sera difficile... — Le procès-verbal du commissaire de police était écrasant pour vous... — Dans votre intérêt, et pour vous concilier l'indulgence de la justice, entrez dans la voie des aveux... Dites-moi ce que vous avez fait des coupons dérobés...

— Eh! monsieur! — balbutia Claire en pleurant, — je ne puis avouer un crime que je n'ai pas commis...

— De quelle manière expliquez-vous, alors, la disparition des dentelles?

— Je ne puis l'expliquer, monsieur... — J'ai touché ces dentelles... je les ai montrées à quelqu'un.

— Oui... — interrompit le juge d'instruction avec son éternel sourire — à une dame voilée... à une cliente inconnue qui achète des chapeaux de deux cent cinquante francs sans les essayer... Vous allez me dire que cette dame a peut-être volé les dentelles... — je vous répondrai que cette accusation est un déplorable moyen de défense...

— Hélas! monsieur, je n'accuse personne... De quel droit accuserais-je, moi qu'on accuse?... Je risquerais trop de me tromper, comme on se trompe...

— Quel est le jeune homme auquel vous avez parlé sur le seuil du magasin, après le départ de cette cliente ?

Claire attendait cette question qui ne la troubla point, bien décidée qu'elle était à ne pas compromettre Adrien Couvreur en disant la vérité.

Innocente, on la croyait coupable...

Pourquoi ne le croirait-on pas complice ?

Elle ne pouvait se justifier...

Comment se justifierait-il ?

— Je n'ai parlé à personne, monsieur... — dit-elle.

— On vous a vue !

— On a cru me voir.

— Vous niez, parce que, sans le moindre doute, vous avez remis à ce jeune homme les dentelles volées !...

— Je n'ai rien volé.

— Où êtes-vous allée en sortant du magasin ?

— Chez moi.

— Qu'y avez-vous fait ?

— J'ai travaillé...

— Je vais opérer une perquisition à votre domicile où sont cachés peut-être les objets dérobés. — Vous m'accompagnerez...

Claire se leva, en proie à un effarement complet.

— Vous allez me conduire rue des Lions-Saint-Paul... — s'écria-t-elle.

— Mais sans doute. — Il paraît que cela vous inquiète. — Vous pensez que j'y trouverai les pièces à conviction...

— Non... non... monsieur... ce n'est pas cela...

— Qu'est-ce donc !

— Aller dans ce quartier où tout le monde me connaît... dans cette maison où j'étais estimée... respectée ! !... Epargnez-moi cette honte, monsieur... je vous en prie... je vous en supplie...

— Faites des aveux, et alors la perquisition deviendra sans but...

— Mais c'est horrible, cela, monsieur ! Je suis innocente, je n'ai rien pris, je vous le jure... Vous ne voulez donc pas me croire ?...

— S'il fallait en croire les voleurs — répliqua le juge en se levant, avec son sourire immuable — ils seraient tous les plus honnêtes gens du monde !...

Claire, anéantie, courba la tête.

— Je suis perdue... — pensa-t-elle. — Je me suis perdue moi-même en affirmant que j'avais travaillé chez moi... On va me convaincre de men-

songe... — Je ne peux cependant point parler d'A-
drien... Non, je ne le peux pas...

Le juge d'instruction avait pris son chapeau et il endossait son pardessus.

Il dit quelques mots à voix bas e à son greffier, fit signer l'interrogatoire à Claire et donna l'ordre au garde de Paris de la conduire jusqu'à un fiacre où elle monterait en compagnie de deux agents, tandis que lui-même s'installerait dans une autre voiture avec son greffier et le chef de la Sûreté.

Une demi-heure plus tard, les deux voitures s'arrêtaient devant le numéro 27 de la rue des Lions-Saint-Paul.

La malheureuse enfant se sentait défaillir en arrivant sous l'escorte de la police dans cette maison où elle avait été élevée.

On la fit descendre du fiacre.

Pour pouvoir marcher il lui fallut se cramponner au bras d'un agent.

Elle sanglotait.

En face de la loge, on fit halte.

La portière voyant tout ce monde sortit aussitôt et, reconnaissant la jeune fille, s'écria :

— Comment ! c'est la petite Claire, qui n'est pas rentrée hier soir, et qui revient avec tant de messieurs !... Qu'est-ce que ça signifie ?

— Pas de bruit, madame — dit le juge d'instruction — je suis magistrat, monsieur est le chef de la Sûreté, et nous venons opérer une perquisition dans le logement de mademoiselle Gervais.

La portière leva les yeux et les bras vers le plafond enfumé du couloir.

— Une perquisition ! les magistrats ! — bégayat-elle, prise d'un tremblement soudain. — Mais, mon Dieu ! qu'est-ce qu'elle a donc pu faire, la petite malheureuse ?

— Oh ! oui, malheureuse... bien malheureuse... — murmura Claire — On m'accuse d'avoir volé...

— Volé ! vous ! — Une voleuse dans ma maison ! si c'est Dieu possible !

— Conduisez-nous, madame — ordonna le juge d'instruction.

Un instant après, on arrivait à la porte du logement de Claire.

Le chef de la Sûreté ouvrit cette porte. — On entra, et les recherches commencèrent aussitôt.

Les trois pièces dont se composait l'humble logis furent minutieusement visitées.

Dans un tiroir de la commode on trouva une boîte de carton.

Cette boîte renfermait une petite médaille d'argent et un billet de loterie.

Naturellement on n'attacha pas la moindre importance à ce billet et à cette médaille.

La perquisition fut bientôt presque terminée.

Le juge fit un signe à la concierge et l'emmena dans la première pièce.

— Que faisait cette jeune fille ? — lui demanda-t-il — quelles étaient ses habitudes ? — Répondez-moi brièvement et sans élever la voix.

— Mon digne monsieur le magistrat, vous me voyez renversée de ce qui arrive — répliqua la portière. — La petite était rangée et paraissait sage comme une image... Elle est sortie de l'hôpital il n'y a pas longtemps... Tout le monde, dans l'immeuble, lui aurait donné le bon Dieu sans confession !

XXVI

— Pas d'amoureux? — reprit le juge d'instruction.

— Il y a toujours des godelureaux qui tournent autour d'une jolie fille, — répondit la concierge — mais j'avais la consigne de leur fermer la porte sur le nez...

— Claire Gervais sortait-elle le dimanche?

— Jamais, mon magistrat! — Avant d'être employée chez la modiste de la rue Caumartin, elle gagnait si peu qu'elle travaillait le dimanche comme les autres jours...

— Dimanche dernier, c'est-à-dire avant-hier, à quelle heure est-elle rentrée?

— Ah! dimanche dernier, elle s'est dérangée de ses habitudes, ça c'est vrai...

— Elle n'est point revenue directement de son magasin ici?

— Non, monsieur... — Pour la première fois de sa vie elle n'est rentrée que le soir, à minuit... — Je lui en ai fait l'observation...

— Qu'a-t-elle répondu?

— Qu'elle avait travaillé à son magasin... Même que j'ai trouvé ça pas du tout naturel...

— C'est bien... — Vous serez assignée comme témoin, madame...

Le juge d'instruction rentra dans la pièce où la perquisition venait d'être terminée.

— Avez-vous trouvé quelque chose? — demanda-t-il.

— Absolument rien, monsieur... — lui répondit le chef de la Sûreté.

— Je m'y attendais et cela devait être... — Les dentelles ont passé du magasin dans les mains du complice qui attendait dans la rue, sur le trottoir...

— Voyons, Claire Gervais, un bon mouvement qui vous sera compté. — Eclairez la justice... Nommez ce complice...

— Je n'en ai pas, monsieur, — répondit la jeune fille. — Je n'en peux pas avoir, puisque je n'ai rien fait de mal.

— Pourquoi donc, alors, avez-vous menti en affirmant à votre concierge, étonnée de vous voir rentrer à minuit, dimanche, que vous aviez travaillé à votre magasin toute la journée et toute la soirée?

Claire eut un geste de désespoir.

Son mensonge découvert achevait de la perdre.

— Qu'avez-vous fait de votre temps en sortant de chez madame Thouret? — reprit le magistrat.

— Je me suis promenée... — balbutia l'orpheline.

— En compagnie du jeune homme à qui vous aviez parlé et qui vous attendait?

— Non, monsieur... Personne ne m'a parlé... Personne ne m'attendait.

— Vous vous êtes promenée seule?

— Seule... oui, monsieur...

— C'est bien invraisemblable!... — Où êtes-vous allée?...

— Au bois de Boulogne.

— De une heure et demie de l'après-midi à minuit!... Enfin, passons. — Indiquez-moi l'endroit où vous avez dîné.

— Je n'avais pas faim!... — bégaya Claire. — Je n'ai pas dîné...

— Allons, décidément, vous vous moquez de la justice... — La justice aura sa revanche... — Monsieur le chef de la Sûreté, faites conduire, je vous prie, cette fille à Saint-Lazare... Voilà le mandat de dépôt.

L'orpheline ne prononça pas une parole. Elle jeta sur sa mansarde le regard désespéré de ceux qui sentent qu'autour d'eux tout s'écroule, et elle sortit sous la conduite d'un agent.

Deux heures plus tard une voiture cellulaire la conduisait à la prison légendaire du faubourg Saint-Denis, où elle était écrouée.

.*.

Placide Joubert déployait d'une activité dévorante, nos lecteurs en ont eu la preuve.

Il s'occupait à la fois de son fils, de Claire Gervais, de ventes de propriétés, des affaires contentieuses de son cabinet.

Mais l'affaire de l'héritage du comte de Rhodé le préoccupait par-dessus tout. — Un héritage de deux millions et demi !...

Cependant rien n'aboutissait.

Jeanne-Marie, qu'il faisait chercher partout, restant introuvable, il se décidait à la remplacer par une autre enfant trouvée qui serait en ses mains une marionnette inconsciente et docile.

Marie-Jeanne était son objectif.

Après avoir échoué à Champignolles, au restaurant Bordier, il avait expédié de ce côté un agent adroit, chargé de reprendre les recherches juste au point où il les avait laissées.

Cet agent, depuis trois jours, ne quittait pas les environs de Bonneuil, de La Varenne-Saint-Hilaire, de Chennevières, de Champigny et de Champignolles, fréquentant le restaurant Bordier et gagnant peu à peu la confiance du propriétaire de l'établissement.

Bref, il conduisit sa barque avec tant d'habileté qu'il finit par obtenir des renseignements et qu'il rentra en toute hâte à Paris, où il alla dire à Joubert :

— La ci-devant blanchisseuse Marie-Jeanne a été enlevée de Bonneuil par le vicomte de Quercy. — Ce vicomte de Quercy demeure à Paris, au numéro 22 du quai Bourbon...

Placide se frotta les mains.

— Tout va bien ! — pensa-t-il. — Maintenant que je tiens Marie-Jeanne, il s'agit d'avoir dans les mains la médaille que possède mademoiselle de Rhodé, afin d'en faire faire une semblable... — Pas une minute à perdre !

Sans perdre une minute en effet il se rendit rue Saint-Honoré, chez l'aveugle.

Nous l'y devancerons de quelques heures.

Pauline de Rhodé attendait avec une anxiété fiévreuse les résultats promis.

Mais les jours passaient et n'amenaient rien.

Ni Placide Joubert, ni l'autre personnage qui s'était présenté chez elle au nom de l'Assistance publique en se disant sur la piste de sa fille, n'avaient reparu, n'avaient écrit...

De cela, que fallait-il conclure?

Leur silence laissait le champ libre aux conjectures les plus fâcheuses.

L'aveugle s'agitait, se tourmentait, se faisait beaucoup de mal.

Thérèse cherchait à la calmer, à la rassurer, et n'y parvenait point.

Une seule chose faisait parfois diversion dans son esprit à la pensée de son enfant perdue, peut-être pour toujours; c'était le souvenir de cette jeune fille, de cette orpheline, rencontrée chez le notaire de la rue de Condé et retrouvée chez la modiste de la rue Caumartin; cette jeune fille dont la douce voix la charmait, dont les lèvres avaient effleuré son front, et à laquelle elle avait dit :

— Quand j'aurai retrouvé mon enfant, vous serez son amie.

Une mystérieuse, une irrésistible sympathie, lui semblait créer un trait d'union entre elle et Claire Gervais.

Au moment où nous la rejoignons, elle était dans une de ces heures où le souvenir de Claire s'imposait à elle.

— Thérèse — dit-elle à sa servante — pourquoi donc cette jeune fille ne vient-elle pas nous voir, comme elle nous l'avait promis ?

— Dame ! je ne sais point, mademoiselle.., peut-être bien que la pauvrette n'a pas le temps... il y a tant d'ouvrage dans ces magasins !...

— Oui, mais le dimanche elle ne travaille que jusqu'à midi... elle nous l'a dit elle-même quand elle a apporté mon chapeau. — Elle aurait pu venir dimanche dernier... sa visite m'aurait fait tant de plaisir !

— Elle vous aurait fait de la peine, mademoiselle....

— De la peine !... — Pourquoi donc cela, Thérèse ?

— Parce que la présence de cette petite Claire auprès de vous peut bien vous distraire un instant, mais ensuite elle vous fait trouver plus douloureuse votre solitude...

— Qu'importe, si elle me donne un moment de

bonheur ? — le bonheur est chose rare !... — il ne faut point le laisser échapper, si courte que doive être sa durée... — Je l'aime, cette enfant... Elle me manque et, puisqu'elle ne vient point, je veux aller à elle... — Il fait beau, n'est-ce pas ?

— Oui, mademoiselle, un temps superbe.

— Eh bien ! habillez-moi, nous sortirons et nous irons rue Caumartin...

Thérèse s'empressa d'obéir aux volontés de sa maîtresse.

— Irai-je chercher une voiture ? — demanda-t-elle quand Pauline de Rhodé fut prête.

— Non... nous irons à pied. — La distance n'est pas très grande, et marcher me fera du bien...

Et l'aveugle se mit en route, appuyée sur le bras de sa servante.

Elles arrivèrent au magasin, but de leur course.

Thérèse ouvrit la porte et fit entrer Pauline.

Une jeune fille vint au-devant des visiteuses :

— Que désirez-vous, madame ? — demanda-t-elle.

En entendant la voix inconnue qui lui parlait, mademoiselle de Rhodé tressaillit.

— Nous voudrions — répondit Thérèse — une fanchon de dentelles... une coiffure de chambre pour madame...

— Attendez... — reprit la jeune fille en avançant deux chaises. — Je vais chercher ma patronne.

Et, se dirigeant vers la porte de l'atelier, elle appela :

— Madame Thouret !

— Mais ce n'est pas Claire Gervais !... — dit l'aveugle à l'oreille de Thérèse...

XXVII

Madame Thouret entra dans le magasin et, à son tour, demanda :

— Que désirent ces dames ?

Puis elle ajouta sans transition :

— Madame est une cliente, car je reconnais le chapeau qu'elle porte... — Il sort de mes ateliers.

— Je suis une cliente, en effet — répondit mademoiselle de Rhodé — mais une cliente bien modeste...

— Oh ! madame, cela ne fait rien... — les petits ruisseaux forment les grandes rivières... Que puis-je aujourd'hui pour votre service ?...

Thérèse expliqua de nouveau ce que voulait sa maîtresse, et termina son explication par ces mots :

— Aussi bon marché que possible, madame, s'il vous plaît.

— Céleste, — dit la modiste à la demoiselle de magasin. — Voyez à l'atelier et faites-vous donner par mademoiselle Irma des coiffures de coin-du-feu en dentelles espagnoles... quelque chose de très simple.

— Bien, madame...

— N'avez-vous donc plus auprès de vous, madame, — murmura Pauline de Rhodé avec une inquiétude visible, — la jeune fille qui m'a vendu ce chapeau et l'a apporté chez moi ?

— Claire Gervais ! — fit madame Thouret d'un ton méprisant. — Non, grâce à Dieu, je ne l'ai plus !... et j'ai tout lieu de regretter son passage dans ma maison !

L'aveugle sentit son cœur se serrer.

— Qu'a donc fait cette enfant pour que vous en parliez ainsi ? — demanda-t-elle d'une voix tremblante.

— Elle m'a volé madame !

— Volé !... — s'écrièrent à la fois mademoiselle de Rhodé et Thérèse.

— Parfaitement, la petite misérable ! — Deux coupons de dentelles qui valaient au bas mot trois mille francs !...

— Claire Gervais a volé ! — reprit l'aveugle. — C'est impossible !... Cela n'est pas !...

— Ce n'est que trop vrai cependant, madame !... Malheureusement pour moi !

Pauline qui s'était levée retomba sur son siège en appuyant la main sur le côté gauche de sa poitrine.

La secousse qu'elle venait de recevoir était terrible. — Elle étouffait :

— Mon Dieu ! — balbutia-t-elle d'une voix éteinte. — Cette enfant dont la voix était si douce... cette enfant qui m'inspirait une sympathie profonde... c'est une criminelle... une voleuse... vous l'avez chassée... et, à cette heure, où est-elle ?

— En prison, madame...

— En prison !... oh ! la malheureuse !! à son âge... la voilà perdue... perdue pour toujours ! — Accusée, condamnée, flétrie, elle ne pourra jamais, quoi qu'elle fasse, effacer la tache infamante et se relever ; et ce sera la misère... la faim... la mort peut-être...

— Elle aura mérité tout cela, madame...

— Si c'est sa première faute, peut-être avait-elle droit à quelque pitié...

— Point de pitié pour les voleuses !!

— A-t-elle avoué le vol ?

— Elle a nié avec impudeur !... Ces créatures-là n'avouent jamais !

— Cependant, si elle n'était point coupable ? — Elles sont nombreuses, les victimes d'une erreur ! — L'accusation pouvait être fausse...

Madame Thouret se mordit les lèvres.

— J'aurai l'honneur de vous faire observer, madame, qu'une erreur était impossible ! — répliqua-t-elle d'un ton sec. — J'ai dénoncé le fait, c'était non seulement mon droit, mais mon devoir !... — Le commissaire de police a fait le sien en livrant la coupable à la justice, puisque l'évidence lui crevait les yeux... — Je ne sais vraiment pas pourquoi vous plaignez cette fille !!

— Il faut plaindre ceux qui tombent, madame... — répliqua gravement l'aveugle, — les relever quand on le peut, et ne les accabler jamais... — Qui donc oserait dire qu'il n'a jamais failli ?... — Certes, vous avez agi dans la plénitude de votre droit, mais il est des droits cruels, et vous regretterez un jour d'avoir usé de celui-là... — Thérèse, emmenez-moi...

Et mademoiselle de Rhodé saisit le bras de sa servante, qui se dirigea avec elle vers la porte de sortie du magasin.

Ensemble elles regagnèrent la rue Saint-Honoré, et chemin faisant l'aveugle murmurait:

— Non, cette femme n'a pas de cœur... — Pour

une enfant de seize ans il faut de l'indulgence !...
Voilà Claire Gervais déshonorée... perdue... Et peut-être elle est innocente !...

Les deux femmes venaient de rentrer depuis une demi-heure à peine quand on sonna d'une main ferme à la porte.

Thérèse courut ouvrir et se trouva en présence de Placide Joubert qu'on n'avait pas revu depuis la visite faite à mademoiselle de Rhodé par Jacquier se présentant au nom du directeur de l'Assistance publique.

— Mademoiselle — dit Thérèse — c'est M. Joubert.

— Vite ! vite ! qu'il entre ! — s'écria Pauline, et aussitôt après, s'adressant à Placide, elle ajouta :
— M'apportez-vous enfin une bonne nouvelle, monsieur ?

— Je le crois, mademoiselle...

— Vous avez retrouvé mon enfant ?...

— Je n'oserais répondre par une affirmation absolue ; mais l'espérance est permise... — Les renseignements pris par moi ont abouti... la piste était bonne...

— Vous avez vu Jeanne-Marie ? Vous avez vu ma fille ? — demanda l'aveugle avidement.

— Pas encore...

Pauline de Rhodé laissa retomber le long de son corps, avec découragement, ses bras qui s'étaient tendus vers Joubert.

— Va-t-il donc y avoir de nouveaux retards? — balbutia-t-elle... — Une nouvelle attente?...

— Attente et retard de peu de durée, mademoiselle... — répondit Placide. — Jeanne-Marie, l'enfant qui doit être votre fille — tout semble le prouver — fait un petit voyage. — Dès son très prochain retour, je la verrai, je la questionnerai, et je prendrai les précautions nécessaires pour rendre impossible une erreur dont vous seriez la première victime, et qui vous causerait dans l'avenir de profonds chagrins...

— Oui, monsieur... oui... vous avez raison ; mais, hâtez-vous !... et, si cette jeune fille est ma fille... si c'est ma Jeanne-Marie... mon enfant adorée... amenez-la moi bien vite... mais qu'il ne vous reste aucun doute sur son identité...

— Il existe, mademoiselle, un moyen de contrôle infaillible.

— Employez-le donc !

— Il est entre vos mains, et je viens vous demander de le mettre à ma disposition...

— Entre mes mains ! — répéta Pauline de Rhodé, surprise. — Qu'est-ce donc?

— La médaille qui vous a été léguée par Joachim Estival, et qui doit être identiquement pareille à celle que porte Jeanne-Marie si elle est votre fille...

— Oui... cent fois oui... ce moyen de contrôle ne peut nous tromper ! — il est infaillible, en effet !... — s'écria l'aveugle — Je vais vous remettre cette médaille...

Et se levant, s'appuyant aux meubles, se guidant par le toucher dans cet intérieur familier, Pauline arriva jusqu'à un secrétaire qu'elle ouvrit, et du fond d'un tiroir elle exhiba une petite boîte.

Dans cette petite boîte elle prit la médaille de la Vierge, percée de trois trous formant un triangle.

— La voici, monsieur... — fit-elle en la tendant à Placide, — vous pourrez comparer... Mais ne perdez pas une minute... Rendez-moi la joie, le bonheur, rendez-moi mon enfant... Délivrez-moi des angoisses qui m'oppressent... des cauchemars qui hantent mes nuits !... — Qui sait si, à cette heure, ma fille n'est pas menacée ?... — Qui sait ce qu'elle est aujourd'hui ?... Ce qu'elle peut être demain ?... Qui sait si la misère ne la fera point succomber à des tentations coupables ?... Si elle ne sera point perdue, comme une femme sans pitié vient de perdre cette pauvre Claire Gervais !

En entendant le nom prononcé par Pauline,

Joubert ne put retenir un mouvement de stupeur et presque d'épouvante. — Ses lèvres se mirent à trembler, mais il reprit vite possession de lui-même et il répéta :

— Claire Gervais! — qu'est-ce que cette Claire Gervais ?

— Une pauvre enfant qui m'inspirait un grand intérêt, et que vous connaissez aussi, vous, monsieur.

— Moi! je la connais!

— Oui. — C'est cette jeune fille qui se trouvait en même temps que nous chez le notaire de la rue de Condé, le jour de la lecture du testament de M. Estival.

— Ah ! maintenant, je me souviens d'elle. — Eh bien ! que lui arrive-t-il, à cette Claire Gervais ?

— Elle est en prison.

Placide joua l'étonnement.

— En prison ! — s'écria-t-il — Qu'a-t-elle donc fait, la malheureuse ?

— Une modiste de la rue Caumartin, chez laquelle elle travaillait, l'accuse de l'avoir volée...

XXVIII

— Volé ! — répéta Joubert. — Cette accusation est-elle fondée ?

— Il paraît que oui, malheureusement, puisque l'arrestation a suivi... — répondit mademoiselle de Rhodé. — Mais une enfant de seize ans, seule au monde, sans parents pour la soutenir, sans amis pour la conseiller, méritait un peu d'indulgence. — Tout espoir de la ramener au bien, d'en refaire une honnête fille, n'était peut-être point perdu... — Il fallait lui pardonner... — La femme qui l'employait a été sans miséricorde... et maintenant plus d'avenir pour elle... plus de réhabilitation possible... plus rien que la honte et la misère... — Pensez-y donc, monsieur, si ma fille à moi, elle aussi seule au monde et sans guide, se trouvait entraînée à commettre une action coupable... Si, en retrouvant mon enfant, je la retrouvais deshonorée... j'en mourrais !...

— Il ne faut point avoir de pareilles craintes, mademoiselle... — dit Joubert complètement rassuré.

— Je les ai malgré moi, et elles me brisent.

— Chassez-les de votre esprit. — L'heure approche où j'espère bien vous apporter une joie pure, un bonheur sans mélange...

— Je ne puis que vous répéter : « Hâtez-vous !... hâtez-vous !... »

— Je me hâterai, mademoiselle... comptez sur moi...

Et Placide quitta l'aveugle, en se frottant les mains.

Il emportait la médaille.

En sortant de chez Pauline de Rhodé il monta dans un fiacre et se fit conduire rue Saint-Sulpice, où abondent les magasins d'objets religieux.

Il franchit le seul de l'un d'eux et trouva, pour la modique somme de quarante sous, une médaille d'argent parfaitement semblable à celle qu'il donnait comme modèle.

Les trois trous formant triangle achèveraient de la rendre identique.

Muni de cette médaille, Joubert prit le chemin

de la rue des Saussaies et entra dans la maison où il avait installé la fabrique de faux billets de la *Loterie des Arts industriels* et de la *Loterie tunisienne*.

— Quoi de nouveau ? — demanda-t-il à Marchal, qui le reçut après avoir pris les précautions habituelles. — Voici quinze jours que nous ne nous sommes vus... Comment va le commerce ?

— Ça marche. — Les demandes affluent. — Nous expédions ferme...

— Les comptes...

— En règle... — Vous pouvez vérifier...

Et il tendit un petit livre à Joubert qui dit, après quelques minutes d'examen :

— Vous avez à me remettre cent quinze mille francs.

— Non, le tiers seulement... Votre part... Nous avons disposé de la nôtre...

— Est-ce que ma caisse ne vous semble plus sûre ? — fit Placide en regardant Marchal en face.

— Parfaitement sûre ; mais nous avons trouvé, Beaudoin et moi, une excellente affaire de terrains à l'étranger... — Je vous prierai même de vouloir bien tenir, d'ici à très peu de jours, trois cent mille francs à ma disposition... J'allais vous écrire à ce sujet...

Joubert se mordit les lèvres.

— Vous aurez vos trois cent mille francs, — répliqua-t-il ensuite. — Cet argent vous appartient, mais pour le redemander ainsi brusquement il faut que vous ayez une autre raison que vos prétendus achats de terrains, auxquels je crois fort peu... — Craignez-vous quelque chose?... — A-t-on signalé des billets faux?

— Nullement... Mais cela peut arriver d'un moment à l'autre... il ne faut qu'une malechance... — Nous voulons, Beaudoin et moi, s'il survenait une catastrophe, que notre argent soit transformé en propriétés à l'étranger... — Attendez-vous donc à ce que Beaudoin fasse comme moi et vous demande son argent...

— Je serai prêt à le lui rendre... — Aujourd'hui vous avez à me compter le tiers de cent quinze mille francs...

— Soit trente-huit mille trois cent trente-trois francs trente-trois centimes. — Les voici, mon cher associé, sauf les trois centimes.

Joubert compta l'argent, le mit dans sa poche et reprit :

— Maintenant, je vais vous demander un service...

— Tout à votre disposition... De quoi s'a-git-il ?

L'homme d'affaires de la rue Geoffroy-Marie tira de son porte-monnaie et plaça sur la table de travail du graveur les deux médailles d'argent.

— Il s'agit — dit-il — de percer dans cette médaille les trois trous en triangle que vous voyez à celle-ci, de manière à ce qu'il soit impossible de les distinguer l'une de l'autre...

— Facile ! — répliqua le graveur — Je vais percer les trous, et ensuite je passerai la médaille neuve dans un bain d'acide qui lui donnera l'apparence de la vieille.

Dix minutes plus tard ce petit travail était terminé et Joubert constatait, avec une satisfaction profonde, que le résultat obtenu dépassait même son espérance.

*
* *

Bonichon, l'agent de Jacquier, ne perdait point de temps.

Vêtu correctement, ganté juste, bien rasé, une serviette d'avocat sous le bras, il eut l'aplomb de se présenter au directeur de l'Assistance publique comme venant de la part de Placide Joubert réclamer une copie authentique et légalisée des notes pouvant servir à prouver l'identé de *Marie-Jeanne*, l'enfant trouvée sur une barricade et mise en apprentissage chez la blanchisseuse de Bonneuil. — Le directeur, s'intéressant à cette affaire un peu romanesque, donna les ordres pour que la délivrance des pièces réclamées eût lieu sans retard, et remit gracieusement à Bonichon un mot pour le commissariat où avait été dressé le procès-verbal relatif aux faits connus de nos lecteurs et coïncidant avec l'entrée des troupes versaillaises dans Paris.

Une copie légalisée de cet acte lui fut promise pour le lendemain.

Il en fut de même à la mairie du onzième arrondissement pour les actes mortuaires de Prosper Richaud et de sa femme.

Bref, le lendemain, il serait en possession de toutes les pièces. Il ne lui manquerait que la médaille.

Cette médaille, il se l'était en quelque sorte photographiée dans la mémoire.

Elle se recommandait par un modèle d'une extrême simplicité et très répandu.

Un grand nombre de petites filles du peuple en portent de semblables, et l'agent de Jacquier le savait bien.

En sortant de la mairie du onzième arrondissement, Bonichon descendit le boulevard Voltaire.

En passant devant l'église Saint-Ambroise, il aperçut des enfants qui jouaient à la marelle sur la place en sortant du catéchisme ; il s'approcha d'un groupe de petites filles et les examina.

L'une d'elles, la plus grande, avait autour du cou un mince cordonnet qui soutenait à coup sur une médaille.

— Mes enfants — fit Bonichon en tirant de sa che une pièce de quarante sous — qui est-ce qui veut gagner deux francs ?

Les gamines cessèrent de jouer, mais aucune ne souffla mot.

L'agent de Jacquier répéta sa question.

Une petite fille de sept ans, plus hardie que les autres, s'avança.

— Qu'est-ce qu'il faut faire pour ça ?... — dit-elle.

— Me céder une de ces petites médailles de vingt centimes, comme les bonnes Sœurs vous en donnent à l'école et au catéchisme... — C'est pour une fillette qui est malade, et qui la voudrait tout de suite...

— Marie en a une... — dit l'enfant en désignant sa camarade plus grande qui, tirant aussitôt la médaille suspendue à son cou, demanda :

— C'est-y ça, m'sieu ?...

— Parfaitement.... — répondit Bonichon après examen. Donne-la-moi, ma mignonne, et prends ces quarante sous.

— J'veux bien vous la donner m'sieu...... — fit la gamine en dénouant le cordonnet — la v'là. — Mais, puisque c'est pour une petite fille comme moi, qu'est malade, j'veux pas d'argent .. gardez-les, vos quarante sous...

— Tout économie !... — pensa Bonichon, en empochant à la fois sa pièce et la médaille.

Puis, très satisfait, il alla rendre compte à Jacquier de l'emploi de son temps.

*
* *

Placide Joubert n'était point, de son côté, resté inactif.

A dix heures du matin, le même jour, il se présentait au numéro 22 du quai Bourbon, et demandait M. le vicomte de Quercy.

Le concierge lui indiqua, au rez-de-chaussée, la porte de l'appartement du jeune homme, en ajoutant :

— Le valet de chambre vient d'aller en course...

— Je ne sais pas si M. le vicomte, qui est seul, vous ouvrira...

— Je me risque...

Et Joubert alla sonner à la porte indiquée.

XXIX

Au bout de quelques secondes la porte s'ouvrit et un jeune homme parut.

C'était un grand et beau garçon en costume de chambre, en veston rouge, le teint bronzé, la moustache en croc.

— Vous demandez? — fit-il en regardant avec surprise et curiosité la laideur originale du nouveau venu.

— M. le vicomte de Quercy? — répondit Joubert.

— C'est moi.

— J'ai l'honneur de solliciter de monsieur le vicomte un très court entretien.

— Entrez.

M. de Quercy fit traverser un vestibule à Placide et l'introduisit dans un petit salon rempli d'objets d'art.

Là, se tenant debout, et sans inviter l'homme d'affaires à s'asseoir, il dit :

— J'attends.

— Je serai bref, et j'irai droit au but... — répliqua Joubert... — Vous venez de vous placer, monsieur le vicomte, dans une situation très grave.

— Moi !... — s'écria le jeune homme d'un ton dédaigneux.

— Vous-même.

— Et comment cela, je vous prie?

— Dois-je vous parler des articles de loi qui visent les détournements de mineures?

Le vicomte comprit.

— Je les connais... — fit-il avec indifférence.

— Vous êtes tombé sous le coup de ces articles en enlevant une jeune fille âgée de moins de seize ans, de chez la maîtresse d'apprentissage à qui l'Assistance publique l'avait confiée.

De Quercy haussa les épaules.

— Je n'ai rien enlevé du tout ! — répondit-il. — J'ai rencontré une jeune fille que j'ai trouvée jolie et qui ne me paraissait point farouche... — Elle ne l'était pas, en effet, car elle avait hâte de quitter la blanchisseuse de Bonneuil et m'a suivi de son plein gré... Je puis montrer des lettres d'elle qui le prouvent.

— Ce sont là tout au plus des circonstances atténuantes... — le fait de détournement de mineure n'en existe pas moins.

Le jeune homme se gratta l'oreille.

Il commençait à s'apercevoir qu'il pouvait bien s'être mis, faute de réflexion, une fâcheuse affaire sur les bras.

Placide, voyant son embarras, poursuivit :

— *Marie-Jeanne* est la pupille de l'Assistance publique, et cette tutelle ne cessera qu'au jour de sa majorité...

— Je l'ignorais, monsieur...

— Ceci ne vous justifie point et ne peut excuser en rien le fait délictueux que vous avez commis et qui devrait vous conduire en cour d'assises.

— En cour d'assises ! — répéta le vicomte avec colère.

— Parfaitement bien.

— Ah! çà, monsieur, qui êtes-vous, et de quel droit venez-vous chez moi me tenir un pareil langage?

— Je suis un mandataire de l'Assistance publique — répliqua Joubert d'un ton très digne — et il est heureux pour vous que cette grande institution recule devant un scandale qui déshonorerait publiquement la malheureuse enfant déjà perdue par vous... — Nous préférons essayer de la remettre dans le bon chemin... — Nous attendons ou plutôt nous exigeons de vous que vous nous aidiez à la faire rentrer chez madame Ligier, la blanchisseuse de Bonneuil, et l'éponge sera passée sur les fautes commises... — Dans le cas d'un refus de votre part il faudrait nous adresser à la justice, et avec elle, vous le savez, on ne transige pas ! — Marie-Jeanne est ici, sans doute, veuillez me conduire auprès d'elle...

M. de Querçy se dit qu'il était dans un guêpier et que le seul moyen d'en sortir était de rompre avec la jolie fille dont il n'avait point supposé la conquête aussi dangereuse.

Son parti fut pris aussitôt.

— La personne de qui vous parlez n'est pas chez moi — fit-il. — Je lui ai loué un petit appartement meublé qu'elle habite seule... — Forcé de m'absenter hier, je n'ai pu la voir. Mais il est plus que probable que vous la rencontrerez chez elle... surtout à cette heure matinale...

— Son adresse?

— Boulevard Saint-Michel, numéro 44.

Joubert savait ce qu'il voulait savoir.

— J'y vais de ce pas, — dit-il.

— Dois-je vous accompagner? — demanda le vicomte.

— C'est inutile en ce moment. — Si j'avais besoin de votre assistance, ce qui me paraît douteux, je la réclamerais...

Placide salua sèchement et se retira, la mine sévère, mais en réalité le cœur débordant de joie.

Il se croyait au moment d'atteindre la réalisation de son rêve.

Avec *Marie-Jeanne* substituée à l'introuvable *Jeanne-Marie*, il mettrait sans peine la main sur les deux millions et demi de l'héritage, puisque son fils, à jamais séparé de Claire Gervais, deviendrait le mari de l'héritière du comte Jules de Rhodé.

Cette héritière était une drôlesse, il est vrai, mais cela importait peu. — Les millions effaçaient la honte.

L'homme d'affaires se rendit, sans perdre une minute, au numéro 44 du boulevard Saint-Michel.

— Mademoiselle Marie-Jeanne? — demanda-t-il à la concierge, qui répondit :

— Elle est absente.

— A cette heure, c'est impossible !

— Faites excuse... Absente depuis hier matin...

— Elle est partie vers les onze heures, avec un monsieur...

— Un monsieur! — répéta Joubert, inquiet. — Un amoureux?

— Oh! pas du tout... il avait l'air d'un avocat ou d'un notaire, avec un grand portefeuille sous le bras...

— Elle ne vous a rien dit en sortant.

— Tout simplement : — *Voici ma clef...*

— Etrange! — pensa Joubert. — Cet homme à mine de notaire ou d'avocat serait-il un mandataire de l'Assistance publique chargé de faire retourner Marie-Jeanne à Bonneuil?

A cette question, naturellement, il ne pouvait répondre.

— Madame — reprit-il en mettant dans la main de la concierge sa carte et une pièce de dix francs — voici mon adresse. — Sitôt que mademoiselle Marie-Jeanne sera revenue, voulez-vous me faire prévenir... — Il y aura encore dix francs pour vous...

— Je n'y manquerai pas.

Joubert, très tourmenté, très perplexe, sortit de la loge.

L'absence de la jeune fille entravait ses combinaisons et, si cette absence se prolongeait, risquait d'amener l'écroulement complet de son plan.

⁎
⁎ ⁎

La nuit porte conseil! — dit un vieux proverbe. Ce proverbe a raison.

Combien de résolutions prises la veille au soir, sous l'empire de la colère ou de tout autre sentiment violent, et dont il ne reste pas trace au réveil!

Il en fut ainsi pour Adrien Couvreur.

Le jour où il avait appris que Claire venait d'être arrêtée comme voleuse, l'épouvante, le doute, le découragement, s'étaient livrés dans son âme un combat acharné.

Le soir, en rentrant, il ne doutait plus — Il croyait à quelque déplorable erreur. — Il se promettait d'aller le lendemain à la préfecture de police, au parquet, partout enfin, jusqu'à ce qu'il eût obtenu la permission de voir la jeune fille prisonnière.

Au matin, quoiqu'il eût à peine dormi, sa résolution s'était modifiée.

— Non — pensait-il, — je ne dois point chercher à la voir... — Si elle a commis réellement un crime, ce que je refuse d'admettre, elle est indigne de moi... Je devrais avoir honte de mon amour si mal placé, et les démarches faites par moi pourraient me compromettre de façon très grave... On a parlé d'un complice inconnu... — Si on allait me soupçonner, moi, d'être ce complice?

» Comment me justifier?

Un frisson passa dans les veines du jeune homme.

— Non! ajouta-t-il — je n'irai pas!... J'attendrai...

Il ne faudrait pas croire qu'en se disant ce qui précède Adrien faisait preuve d'égoïsme, que Claire avait perdu sur son esprit tout empire, et que son amour pour elle était sinon mort, du moins bien malade.

Une pensée plus haute torturait le cœur d'Adrien.

Il se rendait bien compte que toujours il aimerait Claire, même coupable; que, même flétrie par une condamnation, l'image de la jeune fille resterait vivante dans son âme; mais il ne pouvait pas unir son nom sans tache à un nom déshonoré...

Il ne pouvait pas crier cyniquement au monde:

— J'ai donné mon cœur à une voleuse, et je suis incapable de le lui reprendre!...

Une profonde tristesse, ou plutôt un véritable désespoir, s'empara de lui.

XXX

Adrien Couvreur sortit de chez lui, ne sachant de quel côté diriger ses pas ; — il n'avait point le cœur au travail, ce qui l'empêchait d'aller à son atelier, où d'ailleurs l'altération de sa figure l'aurait exposé aux questions indiscrètes et par conséquent gênantes de ses camarades.

Tout en marchant sans but, il songea qu'il devait prendre possession de la petite propriété achetée par lui.

Ah ! cette propriété lui importait peu maintenant ! !...

C'était pour ELLE qu'il l'avait achetée, et ELLE était perdue pour lui !... bien perdue !...

Il ne pouvait cependant rompre le marché conclu.

La lettre à lui donnée par Joubert pour le détenteur des clefs était dans son portefeuille.

Il partit pour Port-Créteil, remit la lettre, reçut les clefs et prit le chemin de la maisonnette.

En la voyant de loin, il lui sembla que sa tristesse grandissait encore.

C'est qu'il avait fait de beaux rêves au sujet de cette humble et gentille demeure, et de ces rêves il ne restait maintenant qu'un souvenir douloureux et plein d'amertume.

Il entra dans le jardin, puis dans la maison, croyant voir Claire Gervais aux endroits où il comptait si bien la voir réellement un jour.

Enfin il s'arracha, non sans peine, à cette muette contemplation ; il referma les portes et reprit le chemin qui devait le conduire à la gare de Saint-Maur.

En traversant le pont de Créteil il dépassa deux femmes qui causaient.

La tournure et la toilette de la plus grande de ces femmes le frappèrent de façon vive.

Il se retourna, interrogea sa mémoire, et tressaillit en se souvenant.

Très nettement il reconnaissait la personne rencontrée dans la rue Caumartin et se dirigeant vers le magasin de madame Thouret, le dimanche où il attendait Claire pour la conduire à la campagne.

C'étaient non seulement la toilette et la tournure, mais les traits aperçus sous la transparence de la voilette de dentelle noire.

La vue de cette femme lui fit froid au cœur en reportant sa pensée au plus heureux jour de sa vie !... Un jour qui ne devait point avoir de lendemain !

Il s'accouda à la margelle du pont.

Les deux promeneuses venaient lentement de son côté.

Au moment de l'atteindre Lucienne Bernier — car, en effet, c'était bien elle — dit à sa compagne :

— Quittons-nous là, ma chère Juana... — Il fait froid... — Je ne veux pas que tu me reconduises jusqu'au chemin de fer... — Retourne vite te chauffer chez toi.

— Tu le veux ?

— Je l'exige. — Quand viendras-tu passer quarante-huit heures chez moi, à Paris ?

— Dans huit ou dix jours.

— Pourquoi pas plus tôt ?

— M. de Chaulieu revient demain de voyage... — il doit consacrer une semaine à la villa des Trembles et repartir ensuite... — aussitôt libre, ma chère Lucienne, je filerai chez toi...

— C'est promis?
— C'est juré!

Les deux femmes s'embrassèrent et se séparèrent.

Adrien Couvreur avait écouté machinalement cette conversation insignifiante, et les trois noms qu'il venait d'entendre, *Juana*, *Lucienne*, *monsieur de Chaulieu*, se gravaient dans sa mémoire sans qu'il en eût conscience.

.˙.

Le jour suivant, ainsi qu'on le lui avait promis la veille, Bonichon fut mis en possession de toutes les pièces pouvant servir à constater l'identité de Marie-Jeanne, et il les porta à son patron qui, après les avoir examinées, lui dit :

— C'est parfait! On ne saurait être mieux en règle. — Demain nous frapperons le grand coup. — Je vais me rendre chez mademoiselle de Rhodé pour la préparer... Une émotion trop violente pourrait la tuer net!... — Je stylerai ensuite Marie-Jeanne, et je lui ferai signer un petit acte que j'ai préparé.

— Vous pensez à tout, patron! — s'écria Bonichon joyeux, en pensant qu'il aurait une jolie part des résultats pécuniaires d'une affaire si bien conduite.

Une heure après, Jacquier sonnait à la porte de l'aveugle.

Thérèse reconnut aussitôt en lui le visiteur qui s'était présenté comme investi des pouvoirs de l'Assistance publique.

— Ah! c'est vous, monsieur! — fit-elle; — apportez-vous de bonnes nouvelles à ma chère maîtresse?

— D'excellentes nouvelles... — répliqua Jacquier.

— Entrez vite, alors! — Moi, je n'ai confiance qu'en vous!

— M. Joubert est-il venu ici, depuis que j'ai eu l'honneur de voir mademoiselle de Rhodé?

— Hier, monsieur.

— Ah! ah! que voulait-il?

— Annoncer que dans deux ou trois jours il amènerait la fille de ma maîtresse...

Jacquier haussa les épaules.

— Cet homme est un intrigant ou un fou! — dit-il. — J'espère que mademoiselle de Rhodé ne lui a point parlé de moi...

— Elle s'en serait bien gardée.

— C'est ce qu'il fallait. — Annoncez-moi, je vous prie...

La fidèle servante introduisit l'homme d'affaires dans le petit salon où Pauline, quoique aveugle, occupait ses doigts à des ouvrages de tricot.

— Mademoiselle — s'écria-t-elle — c'est ce monsieur qui vous a déjà rendu visite de la part de l'Assistance publique... et il apporte, à ce qu'il paraît, de bonnes nouvelles.

— Il n'en est qu'une pour moi!... — répondit Pauline de Rhodé en se dressant pâle et défaillante. — Parlez!... parlez, monsieur!... Avez-vous retrouvé ma fille ?...

— Dominez votre émotion, mademoiselle, je vous en supplie... — répliqua vivement Jacquier. — Soyez forte contre la joie... Soyez calme... Sinon je ne parlerai pas...

— Je suis calme... monsieur... je suis forte... Je le suis d'autant plus que je connaissais en partie déjà la nouvelle que vous m'apportez...

— C'est impossible, mademoiselle !

— Pourquoi impossible ? — Vous avez vu M. Joubert. — Il vous a dit, comme il me l'a dit à moi, qu'il attendait ma fille, absente en ce moment, et qu'après avoir opéré quelques dernières constatations indispensables, il me l'amènerait... Elle est donc revenue ?...

— Je n'ai point vu M. Joubert, mademoiselle, et

n'ai point à le voir... Peut-être s'illusionne-t-il lui-même... dans tous les cas il vous trompe, dans un but facile à comprendre !... — Votre fille vous sera rendue, non par lui, mais par moi !...

— Vous l'avez donc véritablement retrouvée ?... — balbutia mademoiselle de Rhodé que l'émotion, un instant dominée, envahissait de nouveau. — Et vous me l'amenez ?

— Non, mademoiselle, pas encore...

— Pas encore !... oh ! mon Dieu ! est-ce une déception nouvelle... la plus cruelle de toutes, que je vais subir ?...

— Ne craignez point cela... — Le bonheur attendu ne sera que bien peu différé... demain vous embrasserez votre fille...

— Encore vingt-quatre heures d'attente !... d'angoisse !...

— La certitude de la joie prochaine devra vous les faire paraître courtes...

— Enfin vous l'avez vue... vous la connaissez, mon enfant, ma Jeanne-Marie... Est-elle bien grande ? Est-elle bien belle ?

— Belle et grande, oui, mademoiselle...

— Où vivait-elle ?

— A Bonneuil, auprès de Créteil...

— Chez qui ?

— Chez une blanchisseuse qui lui faisait faire son apprentissage...

— Blanchisseuse, mon enfant ! Oh !...

— Songez, mademoiselle, qu'on ne connaissait ni sa famille ni ses espérances de fortune... — L'Assistance publique accomplit son devoir dans toute sa plénitude en mettant les enfants qu'elle adopte à même de gagner leur vie par le travail...

— J'ai tort, monsieur, j'ai tort... et je suis profondément reconnaissante à l'Assistance publique qui a sauvé ma fille de l'abandon... de la misère... de la mort... — Et vous me l'amènerez demain ?...

— Oui, mademoiselle, et je vous remettrai en même temps toutes les pièces qui rendent impossible une erreur au sujet de son identité...

— Et la médaille ? — demanda Pauline de Rhodé.

— Elle la porte à son cou...

— Ah ! ma chère maîtresse, ma chère maîtresse — s'écria Thérèse en prenant les mains de l'aveugle et en les baisant. — Ne doutez pas !... C'est bien votre fille !..

XXXI

— Oh! monsieur — s'écria l'aveugle en qui la conviction s'était faite — soyez béni pour tout ce que vous m'apportez de joie !... Dieu vous en récompensera, et la reconnaissance d'une mère vous portera bonheur... — Grâce à vous, demain je pourrai presser mon enfant dans mes bras. — A quelle heure m'amènerez-vous ma fille ?...

— A onze heures précises du matin nous serons ici, mademoiselle... — répondit Jacquier.

— Oh! surtout, ne remettez pas!! — Un retard de quelques minutes pourrait me rendre folle!... Un retard d'une heure me tuerait peut-être...

— Comptez sur mon exactitude absolue...

Et Jacquier se retira, bien certain désormais de gagner la partie puisqu'il avait dans la main tous les atouts, — du moins il le croyait.

Il ne lui restait plus qu'à donner à Marie-Jeanne

une dernière leçon, et elle jouerait d'autant mieux son rôle qu'elle le jouerait de bonne foi, avec conviction et, selon la locution populaire, *croyant que c'était arrivé.*

L'échappée de Bonneuil, pénétrée de terreur à la pensée que l'Assistance publique pourrait lui demander compte de sa fuite et reprendre ses droits sur elle, s'était résignée à ne pas sortir de chez l'homme d'affaires, où on la traitait d'ailleurs avec les plus grands égards.

La corde filiale vibrait en elle.

Elle se promettait, avec la plus absolue sincérité, d'adorer cette mère inconnue dont on l'avait jadis brutalement, cruellement séparée, et de la rendre heureuse.

Jacquier, revenant de chez mademoiselle de Rhodé, alla frapper à sa porte.

— Entrez ! — dit-elle, puis elle ajouta : — Venez vous m'apprendre que mon emprisonnement va bientôt finir?

— Oui, ma chère enfant. — Il ne vous faudra plus désormais que quelques heures de patience.

— Vous avez toutes les pièces qui montrent de quelle famille je suis?

— Toutes.

— Et la médaille que je portais et que madame

Ligier m'a enlevée, de crainte que je ne la perdisse quand j'étais toute petite?...

— La voici... — répondit Jacquier en présentant à l'ex-blanchisseuse la médaille que Bonichon s'était procurée si habilement.

Marie-Jeanne la prit et l'examina.

— C'est bien elle... — dit-elle ensuite. — Madame Ligier n'a fait aucune difficulté pour vous la remettre?

— Aucune.

— Je la garde, monsieur... — Elle ne me quittera plus!... — Quand me conduirez-vous auprès de ma mère?

— Demain matin, à onze heures précises...

— Vous l'avez vue?

— Je sors de chez elle à l'instant... Elle sait qu'elle vous embrassera demain... Elle vous attend avec une impatience qu'aucune parole ne pourrait décrire...

— Vous ne lui avez rien dit, j'espère, de... de ce ce qu'il ne fallait pas qu'elle sache?... — balbutia la jeune fille en baissant les yeux et en devenant très rouge.

— Pas un mot... — il eût été non seulement inutile, mais odieux, de causer à la pauvre femme un si grand chagrin ! — Elle ignore votre faute...

— Elle croit que vous irez directement chez elle en arrivant de Bonneuil, sous la conduite de Bonichon que vous connaissez... — N'oubliez point cela...

— Ah ! je n'aurai garde !

— Vous vous souvenez du nom des personnes à qui vous avez été confiée dans votre toute première enfance ?

— Prosper Richaud et sa femme...

— Demeurant ?

— Rue de la Roquette, où Richaud exerçait l'état de mécanicien...

— C'est bien cela... Vous pourrez donc répondre si l'on vous interroge... Il ne faut pas que le moindre doute s'élève dans l'esprit de votre mère...

— Comment le doute naîtrait-il, puisque vous allez produire des actes bien en règle ?

— Les voici... — Ils prouvent que vous êtes bien la personne qu'on cherche et à laquelle appartient par héritage une fortune de plus de deux millions...

— Vous vous rappelez, chère enfant, qu'à ce sujet vous m'avez fait une promesse...

— Celle de vous donner cent mille francs quand je serai mise en possession de ma fortune.

— C'est cela même.

— Avez-vous préparé l'acte que je dois signer ?...

— C'est une reconnaissance pure et simple, qu'il faudra faire approuver par votre mère en qualité de tutrice...

— Elle le fera sans hésiter, j'en suis sûre... — Elle vous devra trop pour hésiter seulement...

— Voici cette reconnaissance... — Lisez-la, je vous prie.

— A quoi bon? — Je ne me connais pas à ces choses d'intérêts... et d'ailleurs j'ai confiance en vous, moi... Je crois que vous êtes un brave homme... Et puis, si vous ne m'enrichissiez point, ce papier-là aurait juste autant de valeur qu'une feuille de chou... et pas même, puisqu'on ne pourrait pas le mettre dans la soupe — ajouta Marie-Jeanne en riant.

— C'est juste... et spirituel ! — répliqua Jacquier en riant aussi, et en plaçant sur une table, devant la jeune fille, la feuille oblongue de papier timbré, un encrier et une plume.

— Qu'est-ce qu'il faut mettre ? — demanda l'ex-blanchisseuse.

— Ecrivez, là : *Bon pour cent mille francs.*

Ces mots furent tracés d'une grosse écriture irrégulière et sans la moindre orthographe.

— Maintenant, signez — reprit Jacquier.

— De quel nom ?

— Mais, du vôtre : *Marie-Jeanne de Rhodé*.
— Comment que ça s'écrit, *Rhodé*?
— *R-h-o-d-é*, — accent sur l'*é*.
— Voilà... Ça y est... Et j'ajoute même un *parataphe*...

Dans le langage de Marie-Jeanne, ce dernier mot signifiait : paraphe.

— Rien n'est plus régulier... — dit l'homme d'affaires en pliant la reconnaissance et en la mettant dans son portefeuille. — Demain, mademoiselle, vous serez heureuse et riche.

*
* *

Madame Ligier, la blanchisseuse de Bonneuil, n'avait, nous le savons, nullement avisé l'Assistance publique de la fuite de Marie-Jeanne. Mais on parlait beaucoup de cette fuite dans le pays, et le maire, au bout d'une quinzaine de jours, jugea qu'il était de son devoir d'en instruire le commissaire de police du canton, qui lui-même fit une enquête, et comme il s'agissait d'une mineure, pupille de l'Assistance publique, écrivit officiellement au directeur de cette administration.

La blanchisseuse, mandée par dépêche, arriva toute tremblante à l'avenue Victoria, où elle eut à subir un sévère interrogatoire que nous nous garderons de reproduire, car il roulait sur des faits connus de nos lecteurs.

Après avoir reçu une semonce vigoureuse au sujet de sa négligence, semonce accompagnée de quelques menaces vagues, madame Ligier se retira la tête basse.

Immédiatement après son départ, le directeur traça deux ou trois lignes qu'il mit sous enveloppe, écrivit l'adresse et donna l'ordre de porter immédiatement cette lettre au numéro 1 de la rue Geoffroy-Marie, à M. Placide Joubert, et de ramener celui-ci dans le cas où on le rencontrerait.

Le garçon de bureau envoyé revint au bout d'une heure annoncer qu'il avait laissé la lettre, Placide Joubert n'étant pas chez lui.

L'homme d'affaires n'eut communication de la missive qu'à son retour, à onze heures du soir.

Très contrarié, un peu inquiet, il passa une mauvaise nuit et, le lendemain matin, quelques minutes avant neuf heures, il se faisait annoncer au directeur de l'Assistance publique.

— Je vous attendais avec impatience, monsieur Joubert... — lui dit ce dernier. — Où en êtes-vous de vos recherches au sujet de notre pupille Marie-Jeanne ?

— Elles sont à peu près terminées, monsieur.

— Et Marie-Jeanne est bien la fille de mademoiselle de Rhodé?

La perplexité de l'homme d'affaires redoubla.

Que signifiait cette question ainsi posée ?

Savait-on que Marie-Jeanne n'était qu'une étrangère pour l'aveugle ?

Avait-on retrouvé la véritable fille ?

Lui tendait-on un piège?

Un mensonge pouvait le compromettre de façon très grave.

Il fallait s'en tirer avec adresse, en louvoyant.

— Je ne saurais encore l'affirmer... — répondit-il.

— Comment, vous ne sauriez l'affirmer ! — s'écria le directeur. — Ne venez-vous pas de me dire que vos recherches étaient à peu près terminées?

— Elles le sont en effet, mais il me reste à vérifier un détail d'une importance capitale. — Je dois m'assurer que cette jeune fille dont le nom n'est pas exactement conforme à celui donné pas l'acte de naissance, possède une médaille identique à celle que nous possédons nous-même...

XXXII

— Ah! — fit le directeur de l'Assistance publique, — les deux noms ne sont point absolument conformes?

— Non, monsieur... — répliqua Joubert — et j'ai signalé le fait au sous-chef du bureau où vous avez bien voulu me permettre de prendre des renseignements.

— En quoi diffèrent-ils?

— La jeune fille que nous cherchons se nomme *Jeanne-Marie* ; mais elle a été inscrite sur le registre de l'Assistance publique comme s'appelant *Marie-Jeanne*... — Il n'y a là rien qui puisse étonner car, selon toute vraisemblance, l'enfant interrogée aura interverti l'ordre de ses prénoms... — C'est la chose du monde la plus simple... — Reste la question de la médaille... Indiscutablement *Jeanne-Marie* et *Marie-Jeanne* ne seront qu'une seule et même personne si les médailles sont identiques.

— Pourquoi ne vous êtes-vous pas assuré déjà qu'elles l'étaient ? — Rien ne vous empêchait de le faire, puisque vous vous êtes présenté à Bonneuil, chez madame Ligier, la blanchisseuse à qui l'enfant avait été confiée...

Joubert se pinça les lèvres.

Il ne pouvait se dissimuler qu'on lui faisait subir un interrogatoire bien en règle.

Sous peine d'attirer des soupçons sur lui il devait ne point s'écarter de la vérité.

— Mais, monsieur le directeur, — répliqua-t-il, — puisque vous savez que je me suis présenté à Bonneuil, chez madame Ligier, vous devez savoir également que je n'y ai point trouvé Marie-Jeanne.

— C'est parce que je le sais que je vous ai mandé pour vous adresser un reproche...

— Un reproche ? à moi !... Lequel ?

— Celui de ne m'avoir point avisé de ce qui se passait...

— Ce soin me paraissait incomber à madame Ligier, qui devait le faire le lendemain...

— J'ignorais tout...

— Je croyais — reprit Joubert — qu'à l'âge de cette jeune fille votre autorité sur elle cessait...

— Comment pouviez-vous croire cela, vous, un

homme d'affaires ? — L'Assistance publique exerce une véritable tutelle, qui ne cesse qu'au moment de la majorité ou du mariage de la pupille.

— C'est juste. — J'avais parlé sans réflexion...

— Enfin vous vous êtes mis en quête et vous avez trouvé les traces de la fugitive?...

— Oui, monsieur, mais Dieu sait que cela n'a point été sans peine !...

— Vous avez vu Jeanne-Marie ?

— Non, monsieur...

— Pourquoi ?

— Hier, je me suis présenté chez elle... — On m'a répondu qu'elle était absente depuis la veille, et qu'on ne pouvait m'indiquer le moment de son retour. — Je compte y retourner aujourd'hui...

— Vous allez me donner l'adresse de cette égarée, monsieur Joubert. Nous ne pouvons laisser livrée à elle-même une enfant de cet âge ayant de si fâcheux instincts... — Nos droits sur elle existent jusqu'au jour de sa majorité, et ce jour est loin ; qu'elle soit ou qu'elle ne soit pas la fille de mademoiselle de Rhodé, nous la ferons enfermer par mesure administrative. — C'est à nous et non à elle que vous aurez donc à vous adresser pour les constatations d'identité, et c'est nous qui la rendrons à sa mère si la preuve de l'identité est faite... — J'attends l'adresse de Marie-Jeanne.

Joubert pensait :

— Voilà une affaire qui tourne bigrement mal !... — Mais, après tout, comme cette petite drôlesse n'est point du tout la fille de l'aveugle, qu'elle aille au diable !... — J'en trouverai une autre moins bien gardée...

Il ajouta tout haut :

— Je m'incline devant votre volonté, monsieur le directeur. — La jeune personne demeure au numéro 44 du boulevard Saint-Michel...

L'adresse écrite, le directeur demanda :

— Par qui ce renseignement vous a-t-il été donné ?

— Par le séducteur lui-même de votre pupille...

— Le nom de ce personnage ?...

— Le vicomte de Quercy.

— Il demeure ?

— Quai Bourbon, numéro 22.

— Il recevra une semonce bien méritée, et devra s'estimer heureux de ne point être poursuivi pour détournement de mineure...

— Je me suis déjà permis de lui faire sentir tout ce que sa conduite avait d'odieux — fit Joubert d'un ton patelin.

— Vous avez eu raison ; mais, en ne nous prévenant pas de vos découvertes, vous avez commis une grande faute...

— Faute inconsciente, monsieur, et je vous prie de m'excuser...

— Si cette enfant, dont les débuts dans la vie sont si fâcheux, est réellement la fille de mademoiselle de Rhodé, comptiez-vous donc cacher à sa mère ses égarements ?

— Je me proposais de garder à ce sujet un absolu silence... — Songez-y, monsieur le directeur, ma mission n'est point du tout de m'occuper de l'existence plus ou moins régulière de *Jeanne-Marie* ou de *Marie-Jeanne*. Je cherche une héritière dont l'héritage risque de tomber en déshérence si elle ne se présente pas pour en prendre possession... — Mon rôle se borne là... — Votre pupille est-elle l'héritière en question ? — Cela semble probable ; mais cela ne sera certain que quand la confrontation des deux médailles aura démontré leur identité...

— Entre les mains de qui se trouve la médaille laissée à mademoiselle de Rhodé par le testament dont vous m'avez lu quelques clauses le jour de notre première entrevue ?

— Entre les miennes.

— Montrez-la-moi, je vous prie.

— La voici... — répondit Placide en tirant la médaille de son porte-monnaie. — Elle est en argent, vous le voyez, et percée de trois trous disposés en triangle... — Je ne puis m'en dessaisir, mais, lorsque vous aurez repris possession de Marie-Jeanne, vous me ferez prévenir et je me tiendrai à vos ordres pour opérer la confrontation.

— J'y compte.

— Avez-vous encore besoin de moi, monsieur le directeur ?

— Non. Vous pouvez vous retirer.

Joubert salua et s'en alla, fort maussade.

— Je me suis donné beaucoup de mal pour rien ! — pensait-il. — Avant quarante-huit heures la blanchisseuse en rupture de fers à repasser sera retombée sous la griffe de l'Assistance publique. — Rien que sur le vu de sa médaille on saura qu'elle n'a rien de commun avec la fille de mademoiselle de Rhodé, et tout sera dit ! — Il s'agit maintenant de me pourvoir ailleurs, puisque la véritable héritière est introuvable... — Que le diable emporte cette drôlesse de Marie-Jeanne ! ! — Qu'est-ce que je vais présentement raconter à l'aveugle pour lui faire prendre patience ?...

Il regarda sa montre.

Elle indiquait dix heures et demie.

A celte minute précise Jacquier, Marie-Jeanne et Bonichon, montaient en voiture, et Jacquier donnait l'ordre au cocher de les conduire au numéro 129 de la rue Saint-Honoré.

Depuis la veille mademoiselle de Rhodé était dans un état d'anxiété fébrile plus facile à comprendre qu'à décrire.

La mère comptait les minutes qui la séparaient encore de l'arrivée de l'enfant rendue à sa tendresse.

Thérèse partageait l'impatience de sa maîtresse.

La fidèle servante allait et venait du salon à la porte de l'antichambre, qu'elle avait laissée entr'ouverte afin de mieux percevoir le moindre bruit de pas montant dans l'escalier.

A chaque instant elle disait à Pauline :

— Surtout, que mademoiselle ne se fasse point de mal... — Je sais bien que le temps semble long quand c'est le bonheur qu'on attend... Mais il ne faut plus qu'un tout petit peu de patience, et ma chère maîtresse pourra serrer son enfant dans ses bras...

En entendant ces mots l'aveugle pleurait d'attendrissement, et la servante, non moins émue, mêlait ses larmes aux siennes.

Tout à coup Thérèse prêta l'oreille.

Il lui sembla entendre un bruit de pas sur les marches.

Elle courut jusqu'au palier et, s'appuyant à la rampe, plongeant son regard dans la cage de l'escalier, vit deux messieurs accompagnant une jeune fille.

Du premier coup d'œil elle avait reconnu Jacquier, qui levait la tête vers elle et la saluait de la main en souriant.

— Venez !... venez vite ! — dit-elle d'une voix étranglée.

Rentrant alors au salon, elle eut à peine la force d'articuler ces mots :

— La voici, mademoiselle... la voici...

Puis elle s'élança de nouveau vers l'escalier.

XXXVIII

Jacquier, Bonichon et Marie-Jeanne se trouvaient sur le palier.

La jeune fille était pâle et elle tremblait.

— Entrez ! entrez !... — répéta Thérèse — Entrez vite ! — Oh ! comme ma chère maîtresse va être heureuse !

Et, tout en parlant, elle entraînait Marie-Jeanne et Jacquier.

Bonichon les suivit, repoussant la porte derrière lui, mais sans s'inquiéter de savoir s'il la refermait complètement.

L'aveugle s'était avancée, frémissante d'émotion, les mains tendues en avant.

Deux cris se firent entendre à la fois :

— Ma fille !

— Ma mère !

Et Marie-Jeanne s'élança dans les bras de mademoiselle de Rhodé qui la pressa sur son cœur, la poitrine haletante, la gorge sèche, les yeux remplis de larmes de joie.

Pendant quelques secondes le bruit des baisers et des sanglots de l'aveugle et de la pupille de l'Assistance publique remplit le salon, empêchant d'entendre un bruit de pas dans la pièce qui précédait ce salon.

— Ma fille.. ma fille !... — dit enfin Pauline de Rhodé qui retrouvait la force d'articuler quelques mots. — Mon enfant m'est donc rendue après seize années de souffrances et de larmes !... Ah! c'est qu'on t'avait enlevée lâchement à moi, vois-tu !... on t'avait arrachée à ma tendresse et je n'osais plus espérer... je te croyais perdue à tout jamais pour moi !... et cependant te voilà, là. près de moi, mon adorée Jeanne-Marie ! — Dieu ne m'a pas permis de te voir, puisque je suis aveugle, mais il me permet de te serrer sur mon cœur, d'entendre bondir le tien, et quoiqu'il m'ait frappée durement je le bénis de sa bonté...

Ces paroles étaient dites d'une voix saccadée, tremblante, et interrompues à chaque seconde par des baisers.

Marie-Jeanne rendait à l'aveugle caresse pour caresse.

— Mère — balbutia-t-elle — oublions le passé... Ne songeons qu'au présent... Ne songeons qu'à l'avenir... — Vous avez dû souffrir beaucoup, mais il ne faut plus vous souvenir de vos souffrances, puisque je suis là pour vous aimer... Figurez-vous que vous avez fait un rêve et que vous venez de vous réveiller...

— Oui, mon enfant... un mauvais rêve évanoui... Mais je dois me souvenir, je dois garder une éternelle reconnaissance à ceux qui t'ont ramenée à moi !...

Jacquier prit les mains que Pauline de Rhodé tendait vers lui, au hasard.

— J'ai fait ce que je vous avais promis de faire, madame — dit-il d'une voix onctueuse. — J'ai rempli mon devoir, et j'ai été aidé dans cette tâche par mon excellent collaborateur Bonichon, que voilà et que votre joie rend bien heureux...

Bonichon posa très dramatiquement la main sur son cœur et s'écria :

— Cette joie est ma récompense !

— Nous vous rendons votre enfant — reprit Jacquier — et je vais vous remettre toutes les pièces qui vous seront nécessaires pour établir légalement son identité et la faire mettre en possession d'état... — S'il vous est agréable de me charger de ce soin, je vous offre mes services...

— Je les accepte, monsieur, je les accepte avec une gratitude infinie ! — répondit l'aveugle. — Il va falloir faire des démarches immédiates, et avant tout prévenir le notaire de la rue de Condé que nous avons retrouvé ma fille...

— Il est certain que cette démarche est urgente au point de vue de l'héritage à recueillir, car le temps passe et, quand il s'agit du payement des droits de succession, le fisc est impitoyable... — Mais nous ferons en sorte de ne point laisser expirer les délais...

— Quelles sont les pièces dont vous me parliez tout à l'heure, et que vous mettrez sous les yeux du notaire ? — demanda mademoiselle de Rhodé.

— Celles dont je vous ai parlé hier... les actes mortuaires de Prosper Richaud et de sa femme, le procès-verbal constatant le jour et le lieu où a été trouvée et recueillie *Marie-Jeanne*...

— *Jeanne-Marie* — rectifia vivement Pauline.

— On m'appelait tantôt *Jeanne-Marie* et tantôt *Marie-Jeanne*, ma mère — fit la jeune fille. — Quand on m'a recueillie j'étais si petite que j'ai très bien pu répondre qu'on me nommait *Marie-Jeanne*.

— C'est vrai... c'est vrai, ma chérie... — fit l'aveugle en embrassant l'échappée de Bonneuil. —

Quand je pense que tu as été blessée sur cette barricade !... que tu pouvais être tuée, tout mon sang se glace dans mes veines !

Jacquier poursuivit :

— Outre ce procès-verbal, voici l'extrait du registre sur lequel votre fille a été inscrite sous le numéro 1,087, et qui prouve qu'elle est bien la personne indiquée au procès-verbal, extrait certifié par la signature du directeur de l'Assistance publique...

— Comme il a dû être difficile de se procurer tout cela ! — s'écria l'aveugle.

— Cela a été long et difficile, en effet, madame — répondit Bonichon. — Mais, avec de l'intelligence, de l'énergie, de la volonté, on arrive... et nous sommes arrivés...

— Mère, — dit Marie-Jeanne — j'ai promis à M. Jacquier de le récompenser de ses bons soins. Nous lui devons tout, puisque c'est grâce à lui que nous voici réunies...

— Ce que tu as promis sera tenu, ma chérie.

— J'ai offert à M. Jacquier de lui donner cent mille francs le jour où je serais mise en possession de la fortune dont je dois hériter.

— Tu as eu raison... — Il faut prendre à ce sujet

un engagement écrit et, comme tu es mineure, je ratifierai cet engagement...

— Ratifiez-le donc tout de suite, car j'ai signé, bien sûre que vous ne me désavoueriez pas...

— Te désavouer, chère enfant, que Dieu m'en garde ! ! — Donnez-moi une plume et de l'encre, et placez ma main sur l'endroit de l'engagement où je dois signer.

Jacquier étala sur une table le papier timbré que Marie-Jeanne avait enrichi de sa signature, et il mettait la plume aux doigts de l'aveugle quand la porte du salon s'ouvrit brusquement.

Placide Joubert parut sur le seuil, et dit d'une voix où la colère et la raillerie se mêlaient à doses égales :

— Inutile de signer, mademoiselle !

Jacquier et Bonichon poussèrent à la fois une exclamation de stupeur.

Marie-Jeanne et Thérèse reculèrent, effrayées.

Pauline de Rhodé, reconnaissant la voix qui venait de parler, tressaillit.

— Inutile de signer !... — répéta Placide, en jetant un regard de menace et de défi à Jacquier et à Bonichon. — Oh ! tout à fait inutile !... — On vous trompe, mademoiselle... on se moque de vous... On vous abuse, on vous fait embrasser comme votre fille une personne qui n'est pour vous qu'une étrangère...

— Une étrangère!... — s'écria l'aveugle avec désespoir. — Jeanne-Marie n'est pas ma fille ?...

— Songez-vous bien à ce que vous osez dire, monsieur Joubert ? — fit Jacquier, en se redressant avec beaucoup de dignité.

— Oui, pardieu ! j'y songe !... — Je prétends et j'affirme que la nommée *Marie-Jeanne*, ici présente, confiée par l'Assistance publique à madame Ligier, blanchisseuse à Bonneuil, n'est pont *Jeanne-Marie*, la fille de mademoiselle de Rhodé, et c'est fort heureux car cette jeune personne, que vous êtes allé chercher non à Bonneuil, mais au numéro 44 du boulevard Saint-Michel, avait lâché carrément sa maîtresse d'apprentissage pour suivre un amoureux ! — Démentez-moi, si vous l'osez...

— Vous inscrivez-vous donc en faux contre les actes que voilà ? — répliqua Jacquier qui, bien que fort déconcerté, ne s'avouait pas encore convaincu.

— Nullement. — Ces actes sont vrais ; mais il est non moins vrai que mademoiselle n'est point l'enfant que nous cherchons...

— Oh ! mon Dieu ! oh ! mon Dieu ! elle n'est point ma fille ! — bégaya l'aveugle étouffée par les sanglots.

— Prouvez cela, monsieur Joubert ! — s'écria l'escompteur de la rue Bleue.

— Ce sera facile, monsieur Jacquier ! Tout habile homme que vous êtes, vous venez d'agir comme un pur et simple maladroit ! — Vous voulez une preuve ?
— C'est mademoiselle de Rhodé qui va vous la fournir elle-même...

— Moi ! — fit Pauline en relevant la tête.

— Vous-même, mademoiselle... — Avez-vous demandé communication de la médaille que doit porter au cou votre enfant ?...

— Non... je n'y ai pas pensé... — balbutia l'aveugle tremblante.

— Mais cette médaille est au cou de mademoiselle... — répliqua Jacquier.

— Montrez-la donc !

— La voici...

Et Marie-Jeanne, détachant vivement le cordonnet de soie noué autour de son cou, ajouta :

— Cette médaille, je ne l'ai jamais quittée... prenez-la, prenez-la, ma mère...

Et elle mit dans la main de mademoiselle de Rhodé la médaille achetée par Bonichon.

XXXIV

Pendant ce temps Joubert fouillait dans sa poche et en tirait la médaille que mademoiselle de Rhodé lui avait confiée la veille.

L'aveugle passait et repassait ses doigts sur le mince disque de métal détaché du cou de Marie-Jeanne, et cherchait vainement les trois trous qui devaient la percer en triangle.

Son visage se décomposait.

— Thérèse... Thérèse... — s'écria-t-elle — je ne vois pas... Regardez... regardez... Qu'est-ce que cela ?...

La fidèle servante s'avança, prit l'objet et répondit avec une émotion presque égale à celle de sa maîtresse :

— C'est une médaille de cuivre.

— C'est une médaille d'argent qu'il faut... —

répliqua violemment Pauline, — et cette médaille doit être percée de trois trous...

— Comme celle-ci — fit Joubert en montrant la médaille qu'il tenait à la main. — L'évidence s'impose, mademoiselle, on vous trompe !...

L'aveugle poussa un cri déchirant.

— Ma fille... ce n'est pas ma fille.. — balbutia-t-elle ensuite, et chancelant sous le brusque écroulement de ses plus chères espérances, elle s'abattit sans connaissance sur le parquet.

Thérèse s'empressa près d'elle.

Marie-Jeanne restait muette, effarée, n'osant ni dire un mot ni faire un mouvement.

Jacquier et Bonichon étaient anéantis.

— Reprenez cette médaille qui vous appartient, mam'zelle — dit Joubert à Marie-Jeanne — et je vais vous donner un bon conseil que je vous engage à suivre. — Retournez à Bonneuil sans perdre une minute, et tâchez que madame Ligier consente à vous recevoir, sans cela vous courez grand'risque de ne pas rester longtemps libre !...

La jeune fille, pourpre de colère et les poings sur les hanches, se tourna vers Jacquier et vers Bonichon.

— Ah ! çà, dites-moi donc un peu, vous autres, quel rôle abominable venez-vous de me faire jouer ?

— cria-t-elle. — Vous me chantez que je vais retrouver ma mère, que je vais lui apporter la joie, le bonheur, et en même temps piger un gros argent... et tout ça c'est des duperies !... Qu'est-ce que ça signifie ? Je veux le savoir...

— Vous vous expliquerez dehors avec ces messieurs, qui n'ont plus rien à faire ici, mademoiselle ! — interrompit Joubert; puis, s'adressant à Jacquier, il ajouta d'un ton goguenard : — C'est ennuyeux d'être battu, quand on croyait avoir tous les atouts dans la main; hein, mon cher confrère ?...

— Vous vous êtes donné beaucoup de mal ! — Si vous aviez tenu la vraie Jeanne-Marie, vous arriviez premier et vous me coupiez l'herbe sous le pied... Je riais sous cape en vous voyant cacher si bien cette jeune demoiselle, moi qui savais à quoi m'en tenir sur son identité ! — Il ne suffit pas de courir, il faut être sur la bonne piste ! — Vous étiez sur la mauvaise et vous avez perdu !

— Oui, monsieur Joubert, j'ai perdu — répliqua sèchement Jacquier. — Mais c'est la première manche et j'aurai ma revanche !

— Soit, nous jouerons la belle, et je la gagnerai ! — fit Joubert en riant.

— Trop de confiance, mon cher confrère ! — Prenez garde !

— A vous, mon cher confrère ? — Je vous crains peu !

— Vous avez tort — je vous prouverai peut-être un jour que je suis à craindre...

— J'attendrai...

— Je tâcherai de ne pas vous faire attendre trop longtemps !...

Jacquier fit un signe à Bonichon, et tous deux sortirent sans s'occuper de Marie-Jeanne.

Celle-ci pleurait en regardant mademoiselle de Rhodé toujours évanouie.

— Pauvre femme !... — balbutiait-elle. — Pauvre mère !...

— Je vous engage à vous retirer, mademoiselle — reprit Joubert ; — votre place n'est pas ici, vous devez le comprendre...

La jeune fille courba la tête et disparut, pleurant toujours.

Placide et Thérèse soulevèrent l'aveugle, l'assirent dans un fauteuil et unirent leurs soins pour la tirer de son évanouissement.

Grâce à des lotions d'eau fraîche et de vinaigre sur le front et sur les tempes, ils y réussirent assez vite.

Mademoiselle de Rhodé fit un mouvement, poussa un long soupir et revint à elle-même.

— Thérèse... — dit-elle d'une voix éteinte.

— Je suis là, ma chère maîtresse... — Je suis là, avec M. Joubert.

— Et eux, sont-ils partis ?...

— Convaincus d'imposture, ils ne pouvaient rester une minute de plus... — répondit Joubert.

— Et cette enfant que je croyais ma fille ?

— Envolée aussi.

— Que de douleur après tant de joie !... Quelle chute, mon Dieu !... Ah ! j'en mourrai !

— Calmez-vous, ma chère maîtresse, je vous en supplie !... — s'écria Thérèse en prenant les mains de l'aveugle et en les baisant.

— Calmez-vous, mademoiselle... — appuya Joubert — Il n'y a pas lieu de vous désoler ainsi... — Tout espoir n'est point perdu...

— Est-ce bien vrai, cela ?

— Je vous le jure...

— L'enfant dont vous suiviez la trace ?

— Etait celle qu'on vient de vous présenter... — Moi aussi je m'étais égaré sur une fausse piste... Ce matin seulement, grâce à la médaille que vous m'aviez confiée hier, j'ai compris mon erreur... Tout à l'heure je venais vous prévenir, et je suis arrivé bien juste à temps pour vous désabuser !...

— Ainsi, rien encore, pas le moindre indice ?

— Rien encore, il faut bien que j'en convienne ; mais de tous côtés, à Paris, autour de Paris, en province, j'ai lancé des agents chargés des recherches et dont je vais stimuler le zèle... — Ne perdez point courage, mademoiselle... — Je vous ai promis de faire l'impossible... — Je le ferai... — Comptez sur moi !... Votre cause est trop juste pour que Dieu ne la protège pas !

— Puisse-t-il vous entendre !

Joubert prit congé de l'aveugle et se retira.

Marie-Jeanne, en sortant de chez mademoiselle de Rhodé, s'était enfuie comme une folle à travers les rues.

Un désordre absolu régnait dans son esprit.

Du brillant avenir qu'on avait fait miroiter devant ses yeux il ne restait rien, ou plutôt il restait l'épouvante causée par cette phrase de Joubert :

— Retournez vite à Bonneuil, je vous le conseille, sinon vous ne serez pas longtemps libre !

La fugitive se sentait menacée.

Le châtiment de sa conduite folle commençait.

Retourner à Bonneuil !...

Etait-ce possible ?

Oserait-elle se retrouver au milieu de ses compagnes, qui la mépriseraient, dans un village où on la montrerait au doigt !

Et d'ailleurs la maîtresse d'apprentissage, maman Ligier, consentirait-elle à la recevoir ?

La chose semblait, tout au moins, fort douteuse.

Il importe — pour rester dans le vrai — d'ajouter que le grand émoi de la jeune blanchisseuse en rupture de fers à repasser ne fut point de longue durée.

En s'éveillant de son beau rêve, Marie-Jeanne rentrait dans sa nature primitive qui, sans être positivement mauvaise, n'était pas non plus d'un métal bien pur, nos lecteurs en ont eu la preuve.

— Ah ! zut !... — se dit la fugitive — c'est bête de me faire du mal à propos d'un tas de choses qui n'en valent pas la peine !...

» J'ai cru que j'allais trouver une famille et un fort sac ! — On me l'avait promis, j'y comptais. — C'était de la blague. — Evanouie la famille, envolé, le sac ! — N'y pensons plus...

» Je vais aller chez moi, je prendrai mes nippes, mes quatre sous, et je me logerai autre part... Ça ne manque guère à Paris les chambres pour jeunes personnes seules...

» Une fois installée, j'irai trouver de Quercy, je lui raconterai une histoire quelconque pour lui expliquer mon absence pendant deux jours... il avalera cela doux comme miel... — S'il me boude, tant pis pour lui... — Je le lâcherai... — Je suis jolie et pas plus bête qu'une autre. Quand je chantais chez maman Ligier, les gens s'arrêtaient près de la porte pour m'écouter... — Je me ferai chanteuse... Un directeur de théâtre m'engagera, et je gagnerai de l'argent gros comme moi à roucouler dans des pièces de comédie !

Ainsi réconfortée elle hâta le pas, gagna le boulevard Saint-Michel, et franchit le seuil de la maison où elle occupait un appartement.

Elle ne fit aucune aucune attention à deux hommes de mine médiocre et de tenue douteuse qui semblaient monter la garde sur le trottoir, auprès de la porte, et qui en la voyant échangèrent un clin d'œil.

Marie-Jeanne entra dans la loge pour prendre sa clef...

FIN DU SECOND VOLUME ET DE LA SECONDE PARTIE.

ÉMILE COLIN — IMPRIMERIE DE LAGNY

www.ingramcontent.com/pod-product-compliance
Lightning Source LLC
Chambersburg PA
CBHW070756170426
43200CB00007B/802